蒋健 著

乡之育

一位乡村教师的教育主见

教育名家 汤　勇、 常生龙、 郝晓东 联袂推荐

写给自己，写给每一位乡村教师，写给每一个热爱教育事业的人。

哈尔滨出版社
HARBIN PUBLISHING HOUSE

图书在版编目（CIP）数据

乡之育：一位乡村教师的教育主见 / 蒋健著 .

哈尔滨 : 哈尔滨出版社 , 2024.6. -- ISBN 978-7-5484-
7967-3

Ⅰ . G725

中国国家版本馆 CIP 数据核字第 2024ZD2244 号

书　　名：乡之育：一位乡村教师的教育主见
XIANG ZHI YU：YI WEI XIANGCUN JIAOSHI DE JIAOYU ZHUJIAN

作　　者：蒋健　著
责任编辑：刘丹
封面设计：树上微出版
出版发行：哈尔滨出版社（Harbin Publishing House）
社　　址：哈尔滨市香坊区泰山路 82-9 号　　邮编：150090
经　　销：全国新华书店
印　　刷：武汉市卓源印务有限公司
网　　址：www.hrbcbs.com
E-m a i l：hrbcbs@yeah.net
编辑版权热线：（0451）87900271　87900272

开　　本：710mm×1000mm　　1/16　　印张：12.25　　字数：196 千字
版　　次：2024 年 6 月第 1 版
印　　次：2024 年 6 月第 1 次印刷
书　　号：ISBN 978-7-5484-7967-3
定　　价：78.00 元

有境界则自成高格

初见蒋健，是在一个培训班的开班仪式上。戴副眼镜、瘦瘦高高，整个过程中他妙语连珠、激情澎湃，有趣的灵魂熠熠生辉，让人印象深刻。然后在以后共同学习的日子里，他对乡村教育的热情、对专业追求的热情又让我自愧不如、自惭形秽。所以当他说想出一本书，请我写序的时候，我无法拒绝、欣然应允。

他的文字中有对自身从教经验的回顾。《"无知"的四年》《成长就在那几年》《市教坛新秀之路》等篇章中不仅读到了一个年轻的乡村教师艰难的成长之路，还看到了一个不倦的专业追求者的自我奋斗之路。这当中有机缘的巧合，也有他人的推动，但更多的是自身的、时刻的、日复一日的努力和坚持。阅读、写作、比赛，紧张了、失败了、再重新来过……循环反复。字里行间，看似轻描淡写，但只有经历过的人才会明白当中那种要与不要、上与不上的纠结多么困扰；只有经历过的人才会明白夜夜挑灯苦读的背后却没有收获的失望多么痛苦！人很容易自我放弃，坚持下来才是真正的勇者。这个过程就像古希腊神话中的西西弗斯，每一次把大石头推到山顶都是一次生命的提升。

他的文字中还有对自己乡村教育生活的描述。《追竹一班》《老黄牛老许》《夜宵文化》……可以看出，淳朴的孩子、优秀的同事、志趣相投的同伴都是蒋健十几年如一日留在乡村、从事乡村教育的理由之一。当然，乡村的滞后、封闭以及种种不如意也是可以想象的，但蒋健对这些都只字未提。也许都是这样，因为热爱，所以我只看到了你的好，你的缺点也就忽略不计了。从这个角度来说，蒋健是一个性情中人，而做教育确实需要性情中人。为什么我的眼睛常含泪水，因为我对这片土地爱得深沉。

　　当然，他的文字呈现的更多的是他对教育和教学的一些思考。有些题目一看就很喜欢，《没有师生的高质量生活，就没有教育的高质量发展》《教育之美，美在"各美其美"》《莫让寒假成为学生的"寒心假"》……像是呼号，又像是呐喊，对教育的拳拳之心和眷眷之情可见一斑，呈现了一个有担当、有思考的教育者的形象。作为一名初中的思政老师，他跳出了学生成绩的窠臼，站在了孩子们更广阔的人生成长的视野里，这在应试教育为重的大背景下，难能可贵。但他的思考又呈现出理性的光辉，没有陷入非此即彼的极端，他认为教育需要"卷"，但不是"内卷"，而是"自然卷"，是一种遵循自然规律的"卷"，是一种尊重教育规律的"卷"……即感性又理性，让他的思考有了境界。有境界则自成高格。

　　这个世界上有一种人，对美和真理有一种天生、自觉的亲近，所以不管经历了什么，总是会不由自主地靠近自己想靠近的一切，在蒋健的文字中我就感受到了这些境界，而有境界则自成高格。祝福他。

梁高英（作家、教师）

目录

·上篇·

遇见成长——我的前十五年

十五年，是教师职业发展最关键，也是最重要的时期。一个老师，如果从大学本科毕业算起，一般只有三十五年左右的职业生涯。而前十五年，是教师站上讲台、站稳讲台的关键期，也是专业发展的黄金期。

我的前十五年，又有哪些故事？

1.分配，好像不是我的选择

2008 年的毕业季，是我伤感的毕业季，也是我幸运的毕业季。

那年夏天，我坐上了离开大学的火车，带着四年满满的回忆，带着四年深深的友情，回到了家乡。毕业是伤感的，没想到就业也是伤感的。

那一年 7 月，我参加了县教育局组织的教师招聘考试。说来惭愧，总共 4 人参考，录取 3 人，而我却以笔试第三、面试第四，总成绩第四的成绩被淘汰了。

这一结果是我，不，应该是我的家人不愿接受也无法接受的。虽然，当初高考填报志愿时，我几乎把 5 个志愿全部填报了师范专业；虽然大学时的专业——思想政治教育（师范类），也是我自愿填报的；虽然，当老师是我的选择，但是那时的我正在从事火热的"淘宝卖家"职业。考编的"落榜"，似乎对我打击不大，因为每月靠着"网上开店"也能有三四千的收入。但，对我的家人、对家庭的关系却是影响致命的。

父母完全无法接受这一事实，他们更希望我能找一份稳定的工作。而"淘宝"对他们这一代人来说，是可笑的。考编失利后，我与父母大吵一架，搬出了当时全家租住的房子，与我的好友在城郊合租了一间房，正式过上了"独立的生活"。父母觉得一个大学本科毕业生，居然去开网店，无法理解，也不愿认可，这不仅是前途问题，也是面子问题。而我觉得，父母根本不理解我，既然没选择了，为何不能选择"我喜欢的"。观念的不同，必将产生矛盾。

从家里搬出来的一个月，是灰暗的一个月。虽然我只是一个小代理，但网上开店也是很忙碌的。在那个几乎没有智能手机的年代，需要每天守着电脑，商品的上架、下架，与买家随时沟通交流、询问上级商家等。一天天过去，没什么生意，正如闷热的暑假一样。

这一个月真的过得不顺利，让我真正明白了有一份稳定工作的重要性。不知道是老天眷顾我，还是我足够幸运，8月下旬，县教育局打来了电话，说是需要补招一位老师，问我愿不愿意去。当然愿意去，我没有任何拒绝的理由。

就这样，我被分配了……

作者大学毕业合影留念，拍摄于 2008 年 6 月

2.457,539—— "职高生" 的逆袭

我为什么会选择当老师？这个话题可能要从 2001 年的中考说起。

2001 年的夏天，是悲催的。带着父母满满的期待，带着三年所学，奔赴中考的战场。父母的要求似乎不高，考上普高，去县城读高中。县城？普高？而我的目标已经很清楚了，除了一中，就是三中。一中，对我当时的成绩来说是遥不可及的；三中，似乎还是有希望的。

但，希望就是希望，也只是希望。那年中考，我失败了，457 分是我的最终成绩。我真的觉得对不起父母。

中考的失败后，随之而来的是各方的压力，何去何从？答案已经确定，就是去县城读，但是具体去哪所学校还没有确定。按照当时的 "三限生" 政策，可以 "花钱"。多少？三万！这对本不富裕的家庭来说，无疑是雪上加霜。那还能去哪里呢？职高成了一个选择，因为那时的职高办了一个 "综合高中班"，就是在职高里的普高班。

中考失败的原因之一是我的自然科学课（如果没记错，那时应该叫这个名字）成绩实在是太差了，物理、化学几乎是一窍不通。因此，我毫不犹豫地在入学时选择了文科班。

依然记得，当年的三中录取分数线是 481 分，我们班的 1 号同学是 479 分（她现在是 "白衣天使"，在此就不点名了），而我以 457 分的 "高分" 占据了 2 号位置。我终于成了一名 "职高生"！

"职高生" 这个名头，在当时是父母难以启齿的，当然我自己也不是很愿意提起。有一次，我妈和厂里的工友在聊天。

"你儿子在哪里读高中？"

"嗯……在丹城……"

"你儿子呢？"

"在一中！"

"……"

虽然现在的我，或者说工作以后的我，更确切地说应该是高考后的我，不再这样认为。而且"职高生"在某个程度上，反而成了我引以为傲的称呼。

2004年出高考成绩的夏天，是"一波二折"的。因为500分的估分，我与父母吵了一架，受到了父亲的嫌弃、冷眼、唾骂——"你有什么用！"我的父亲虽然话不多，但对我的学业要求非常严格，记得有一年高二，我考了全班第二名（一直以来都是第一名），就被严厉批评了。这一"架"的第二天，我就从县城"投奔"到农村老家跟我从小一起长大的好兄弟家里，当然他也在等待高考成绩。

高考放榜，几家欢喜几家愁。我的好兄弟也与他的父亲"干了一架"，原因自然是成绩很不理想。而我的成绩是539分，我立马给我的政治老师林芳打了电话。电话那头传来了林老师兴奋的声音："真的吗？恭喜你啊，二本分数线是535分"。

这个消息仿佛使我的腰杆一下子直了，底气也足了，告知父母后，妈妈喜悦，爸爸漠然——他多数都是这样不喜不悲的，只会因我的表现不好而发怒。第二天，收拾好行李，我就回去了。

"职高生"终于逆袭了，而妈妈与工友的对话也变了。

"你儿子高考考得怎么样？"

"我儿子考的一般，二本，你儿子呢？"

"哎，都不想说了，大专！"

回去的路上，林老师电话那头的后半句话仍然在回响——"哎，要是这三年，你再努力些就好了，说不定就考上一本了！"

这是林老师对我的期望，这个期望持续了高中三年，她一直知道这三年我的努力程度可能还没到七成。

高中三年，换了四个班主任、两个语文老师、两个数学老师、三个英语老师、两个历史老师、两个地理老师，而唯一没有换过的，就是陪伴我三年的林芳老师。

作者的初中毕业照，拍摄于 2001 年 6 月

3. 我的"志愿"

高考 539 分，是当时全校"综合高中班"的最高分，我也是文科班唯一一个上二本分数线的"职高生"。但是我知道这个分数并不高，只超了二本线 4 分，这也增加了填报志愿的难度。

当初高考好像只能填报五个志愿，以这个分数想被省内的二本院校录取可能性很低，但是我想试一试。

嘉兴学院、绍兴文理学院、湖州师范学院，还有一个记不清了。结果是这四个省内志愿都没有录取，最后还是被湖南理工学院思想政治教育（师范）专业录取了。到大学报到后，我才知道，全班 29 个学生，两个没多久就转专业或转系了，而剩下 27 个人中，好像也只有我是自愿选择思政专业的，其他同学都是被调剂的。

为什么会选择思政专业？为什么想读师范？为什么当老师？我想应该是受她的影响。

林芳老师，我高中三年的政治老师，也是唯一没有被更换过的任课教师。

林老师的政治课有味、有趣，能用幽默的语言构建课堂画面。她总是会用生动的案例、深刻的故事来诠释那些深奥的、抽象的教材知识。有时候，还会用个人的成长经历现身说法。作为学生的我，在当时自然不知道这些叫什么教学方法。如今想来，这不就是现在提倡的情境教学法、案例教学法吗？

高二那年，我们面临"分流"，一部分学生将转到"职业教育"班，如美术班、旅游班、建筑班等。这种"分流"是自愿的，是根据自己的学习实际以及未来发展的选择。

站在人生的"路口"，向左还是向右，继续读普高，还是转向职高，也成了我的一个难题。看着原来班上的一些同学转班了，面对"美术班"高考文化课分数要求相对较低的诱惑，我也曾经萌生了要去"美术班"的念头。

但这个念头萌生没多久，就被林老师制止了。林老师把我叫到一旁，全面地跟我分析了利弊，并"痛斥"了我一顿。"你怎么能转班，转班了谁去考本科"，这句话我如今依然记得。

作者的高中政治老师林芳

高三应该是奋战的一年，可是我却在此时"叛逆"了。班主任励小青老师、英语老师周琴琴被更换，地理老师鲍晶晶调离，与新班主任的"不合"等众多因素在不知不觉中影响着我。班风越来越差了，更不必说学风了。而我在此时，却成了班上的"刺头"，成了向班主任发起"挑战"的头号人物。

叛逆的表现，被林老师看在眼里，气在心里。也因此，林老师多次找我谈话，与我沟通。林老师早已成了我心目中好老师的象征，我也早已立下当老师的志愿。

当老师，是我的志愿。

在我的成长过程中，我受到了很多良师的影响，他们在我心中默默地种下了成为一名教师的念头的种子。

当老师，是我的志愿。

我喜欢，也享受，与纯真的学生在一起，那么美好。

4. 再见 300 班

第一次当老师是什么时候？

回想了一下，应该是大四实习的时候吧！

实习的记忆还有多少？

很少了！

那些学生还记得吗？

只记得几个学生的名字了，如今已经过去 15 年了，已经不知道他们长什么样了、是否成家立业了。

2007 年 11 月 19 日至 12 月 28 日，是我们思政班在岳阳四中实习的日子。第一次走上讲台，第一次讲课，第一次当"班主任"，第一次与 300 班相遇。

300 班是初二年级的一个班级，但为什么叫 300 班，想不起来了。在班主任曾英老师的帮助、指导下，我成了 300 班的思想品德老师兼班主任助理。

与这些孩子的相处是短暂的，只有短短的 40 天，但那段实习的日子是美好的。

突然想起我的 QQ 空间中好像曾经有这么一段记录，一段我与 300 班的故事，题目就是《再见 300 班》。这是一封写给 300 班的"情书"，是一次告别，也是一次告白。是与实习时的学生告别，是与即将奔赴的教育事业告白。大致内容如下：

在这短暂的 40 天里，我们从陌生到相识。我很快地融入了你们，认识了你们，记住了你们每个人的名字。

今天就要离开，与大家告别，真的很舍不得，有太多太多的话想要跟大家说，但是又不知道从何说起。记得我刚来的时候，我们班上有几位同学就这么跟我说，"老师，你来到我们班算你倒霉了"。刚开始我不明白什么意思，后来知道了，因为我们班的成绩不是很好，而且学生又比较调皮，让老师很伤神。我当时在想"看来我要面对严峻的挑战了"。可是，与你们相处后，我才发现，我是如此喜欢这个班级，你们是如此可爱。我觉得自己是幸运的，能认识你们。因为在我心里，我们300班的同学们是非常优秀的，非常聪明的，而且也是非常活泼开朗的。

还记得我们一起为"集体舞"训练，一起努力。老师看得到每位同学都在努力，特别是冯霞映天。虽然比赛的结果不尽如人意，我们没有获奖，但是我们都努力了，这就足够了。赛后，我看到许多同学都哭了，老师很感动，看到了你们的凝聚力和荣誉感。

平时，我总是很早地来教室，或许你们会觉得老师是来监视你们的，其实不是的。我只是想多争取一点时间来跟你们相处、交流，好让我更能记住你们。因为从我来的那天开始，我们在一起的日子就进入了倒计时。

还记得那次，因为王家旋的事，老师"得罪"了班上很多同学。平时跟我有说有笑的你们，忽然间与老师变成了陌生人，不理老师了。我忽然有种被人冷落的感觉，那种滋味真的不好受。我差点被打败了，以往的自信也没有了。

幸亏汪莎和朱湘北理解老师，你们俩拼命地帮老师向每一位同学解释。结果大部分同学都理解了老师，老师很高兴，很欣慰。但是，还有小天和小甜甜，你们俩还是没有理老师，那时老师特别难受。以往总能听到你们俩的声音——"小蒋好"。可是，在最后一周，却听不到了。本来以为我会带着遗憾结束实习，带着遗憾回家，带着遗憾走进2008年。但是今天的告别会，这一切都好了，老师真的很高兴，因为你们原谅了老师。

说到今天的告别会，老师很感动，来湖南四年，今天是最感动的一天。因为那一刻我看到我们300班全体同学都安静下来了，全班同学都在哭泣。我知道大家是被老师感动了，知道大家舍不得老师。那种感觉、那种感情，真的无法用言语来表达。那一刻，我也哭了。我一直强忍着，拼命地告诉自己"开心地来，开心地走"。但是，当周甜站起来跟老师说话时，老师真的忍不住了。接着冯霞映天也站了起来，此时的我，更是止不住眼泪了。小天、小甜甜，你们真的原谅老师了吗？

看到大家聚精会神地看着我给你们制作的视频，那一刻，我们一起回忆了在一起的日子。时间真的过得好快，转眼间，这些照片都成了一种回忆。看到一些可爱的画面，我们都忍不住笑出声来了，看到那些感人的画面，我们都安静了……当看完一遍后，冯霞映天提出要再看一遍，这次大家都安静了……

如今，再次翻看这些文字，仿佛当年实习的画面又重现了。

或许，那时候，我已经开始明白做老师的意义，开始懂得教育是心灵与心灵的沟通。教育是充满情感的，教育是有喜怒哀乐的。

苏霍姆林斯基说：教师技巧的全部奥秘在于如何爱学生，如果你讨厌学生，那么你们的教育还没开始就已经失败了。当我们真正理解这句话时，说不定我们已经在教育这条路上犯了很多错，已经有很多次"误人子弟"了。

再见 300 班，十七年过去了，你们好吗？

作者全班同学在岳阳四中实习的合照，拍摄于 2007 年 12 月

5. 遇见定塘

2008 年的 8 月底，为期三天的新教师培训结束了，终于拿到了干部介绍信。果不其然，是农村，还是我从来没听说过，也没有去过的地方。当然，小幸运的我，还会挑吗？显然不会，我甚至至今都在感谢教育局，感谢其给予我的"小幸运"。

定塘，在哪里？不知道。

报到当天，我来到了车站，找到了开往定塘的中巴车。

"到定塘多少钱？"

"10 元。"

"什么？要 10 元啊，这个地方肯定很远。"我心里暗暗想。在我的印象中，从丹城到茅洋是 3.5 元，车程半小时，那 10 元到定塘，不得一个多小时啊。

果不其然，摇摇晃晃，转来转去，翻山越岭……一个小时后，终于到了定塘车站。

定塘中学，在哪里？不知道。

看到车站附近有电瓶三轮车，我问车主："定塘中学怎么走？"

"坐上来，5 元。"

5 元？不会又要半个小时吧？哎，不多想，先到学校报到再说。

坐上了小三轮，又是转来转去。定塘街还是很热闹的，商店比较多，人流量也比较大。不知道过了多久，终于到学校门口了。

接待我的是时任团委书记的蒋东亮，一看体型就知道是体育老师，再仔细一看，这简直是 NBA 的詹姆斯啊！果然，在象山体育界就有这样的传说。

转了一圈校园，只有煤渣操场、破旧寝室令我印象最深刻。

"有网吗？"我问。

"有的，需要自己去楼上寝室接网线。"蒋东亮告诉我。

"那就行。"没有智能手机，没有 4G、5G 的时代，有网足矣。

我的寝室在一楼，只有一张破旧的书桌，两条长凳架起的棕绷床，没有独立卫生间，地面铺着破碎的塑料地毯。上厕所、洗澡都是一个极其麻烦的事，如遇暴雨天气，还要担心雨水会不会进入房间，深夜会不会有蛇虫鼠蚁爬进来……现在想想，那时的我是怎么住下来的，我也是由衷地佩服学校的老师们。

来到了校长室，见了郑方云校长，郑校长对年轻人的到来显得非常欢迎。他非常重视年轻人的培养，这在之后的工作中我是切身感受到的。

"今年，你教初三，初三两个班比较特殊。"这是郑校长给我的第一个任务。

对于教初三，我是丝毫没有准备的，毕竟我是一个初出茅庐的大学生，没有教学经验，对教材也是一无所知。还是两个比较特殊的班级，特殊在哪里？为什么会特殊？

想不到一开始，就要面临巨大的新挑战。但或许，它也是一次新机遇，这是校长委以的"重任"。

不管怎样，总算有稳定工作了，有住宿的地方了，那就去街上买点生活用品，买张凉席吧！这条街不就是刚才那辆小三轮带我转过的吗？他还绕了好几圈，显然我上当了。

不去想了！想想 9 月 1 日开学与学生见面的事吧，想想这两个班特殊在哪里吧，想想我该怎么开启我的"职业生涯"吧。

6. 相差 7 岁的师生情

　　我是 23 岁（虚岁）参加工作，接手的第一届学生，就是校长口中的特殊班级——301 班、302 班。而他们此时已经 16 岁（虚岁）了，我们之间只差了 7 岁。

　　现在，也偶尔跟他们一起聚聚。不经意间发现，岁月在他们脸上留下了太多沧桑，有些学生看上去好像年龄已经超过我了。而他们的孩子，有些也比我的孩子还要大。

　　初为人师，我向往课堂，向往与学生在一起的日子。那时，我最喜欢看的电视剧就是《十八岁的天空》，想象着如果自己是古越涛这样的老师，一定会深受学生喜爱。所以，那时的我，总是模仿着古越涛一样的"腔调"和作风。

　　特殊的两个班，到底特殊在哪里？

　　果不其然，第一堂课，就有同学给我来了个下马威——课上，直接趴着睡觉。不叫他，有违师德，叫醒他，就开始挑战我的"权威"。

　　"你混哪里的？"他说。

　　我顿时愣住了，想不到第一节课就遇到了"江湖大哥"。我环顾四周，其他同学等着看我"出丑"，因为他们之前就这么干过。我自认为还是有一种能力，可以在短时间内发现，哪些学生是班上的"个别"。

　　"我茅洋人，职高毕业。"语气不能输，眼神不能输。

　　就这样，我与这两个特殊班开始了"第一次亲密接触"。

　　两个班，都是同样的任课老师。学生之间的感情也非常"好"，有些学生还互相串班听课，有些学生在教室的"养老区"有说有笑、打打闹闹，他们最擅长，也最喜欢的事，就是与老师斗智斗勇。当然，还是有爱学习的学生，他们不受外界干扰，学习目标明确。如今，他们有的当了初中老师，有的当了幼儿园老师，也有的当了医生……

一年的相处，说实话，能记住的事真不多。

有一次，我在课上很严厉地批评了一个女生，用鲁迅的话说就是"哀其不幸，怒其不争"。在"痛骂"后，我觉得不应该当着全班学生的面批评她。当然，她早已忘记。自初中毕业后，她还每学期回来看我，帮我整理办公桌、打扫卫生，每年的大塘麦糕节必然会叫我去她家里吃饭。如今我们依然有联系，她也成了幼儿园老师，她就是吴洁。

吴洁的老公是龚李月，他俩是一个班的——302班，现在在定塘开着一家汽车维修服务店。开业时，就曾跟我说过，"老师，你的车，洗车我包了，终身免费；保养、维修，成本价"。这句承诺一直未曾改变，哪怕我已经调离。龚李月也是班上的"个别"，我至今仍然记得他讲普通话时结巴的样子。

龚李月有个好兄弟，叫陈兴登，是隔壁班的——301班，他可以说是两个班中"最有个性的个别"。而我们之间却有一段"过命"的交情。

还记得那是2008年11月在初三年级茅洋社会实践基地发生的故事。那晚，不胜酒力的我在基地人员盛情邀请之下，喝醉了。一脚踩空，掉入湖边的一个水坑，而这个坑正好连接着旁边的湖。危急关头，有一个人把我拉了上来，他就是陈兴登。一群那时的"个别"纷纷围上来，陈兴登背起我就往学生寝室跑。

"你去把我的衣服拿来。""你去把我的鞋子拿来。""给老师换上。"……

至今，我依然记得每一个画面。

若干年后，在一次吃夜宵时，我告诉他"你救过我的命"，而他告诉我"我不记得了，但我记得你救过我的命"。

或许，这就是师生情。

那年，两个班有五位同学考进象山中学。301班的盛萍萍就是其中一位，也是这个班级的唯一一个。如今她也成了一名初中教师，在自己追求的专业上奋发向上。剩下的四位，都在302班，至今记得他们叫潘志君、苏宏波、苏莉莉、张骋。

而302班的班主任就是许峥峰，一位体育老师，人称"老许"。

7. 老黄牛 "老许"

关于老许，我曾在 2016 年 11 月时写过一篇文章，题为《坚守定山三十年　甘做"黄牛"不埋怨》。当时是为了参加县教育局"工匠精神"主题征文比赛而写，也是为了把老许的故事写出来。此文，虽然只是获得了县二等奖，但对于老许和我自己来说，却是心中的"特等奖"。

如今又过去 6 年了，老许还是那个老许。

老许，1981 年开始从教，在定山街可谓无人不知，而"老许"也成了他的专有称谓。今年 9 月 22 日，我在微信朋友圈里留下了这样一段话："晚上听闻学生寝室仍在吵闹，便上去吼了几嗓子！想起了当年在定塘教育住校生的日子，想起了老许。有老许在，寝室就不需要我们操心！"

想起老许，我似乎总会把他与"黄牛"联系到一起，当然这里的"黄牛"并不是囤票卖票的"黄牛"，而是吃苦、耐劳、奉献、勤恳的"黄牛"。因为老许，就是这么一位在教育事业上默默耕耘、任劳任怨的"老黄牛"。

谈及老许，我似乎总有说不完的赞美之词，身材矮小的他，却是那样的伟岸。因为他的职业精神、工作态度、责任心和大局意识等，都是令我辈自叹不如和敬佩的。

看到老许，我似乎总是见其行色匆匆，时而拿着记事本从体育室往教室赶，时而穿着运动装从体育室往运动场跑，时而又揣着寝室大门钥匙往学生宿舍走。

老许曾身兼数职，包括体育教师、班主任、年级组长、生活指导老师等。有人说，老许的工作量用一张 A4 纸都打不完；也有人说，老许的工作状态像每天打了鸡血一样；还有人说，老许的工作作风跟工匠一样。是的，这就是老许，一位年过半百的老教师，承担着多而杂的工作，却处理得井然有序、有条不紊。自认识老许的第一年起，他就在担任班主任，此后还多次因学校工作需要和人事调动而接手初三毕业班。当校长向他表达接班一事，他总是微微一笑便欣然接受，从不说一句怨言，从不邀一次功。老许不习惯使用班主任工作手册，但记事本却是老许做班主任的必备工具，里面记载了他每一天、每一周的工作计划和工作任务，他总是习惯提前将下一周的所有工作事项记录在册并逐一去完成，他总是喜欢在记事本上亲笔写下对学生的每一次讲话。每天清晨，老许总是第一个到教室的人，指导学生晨读、监督学生完成卫生工作，他所带的每届学生都会戏说"许老师每次像幽灵一样出现在我们身边"，这正是对老许尽职尽责的赞美。每次考试后，老许总会分批挨个找学生谈话，了解学生近期的学习情况，鼓励学生加倍努力，期望的眼神和真挚的语言总是会给学生进步的动力。每当学生犯错，老许总会像慈父般去宽容学生的错误，但又不失严词厉色，通俗易懂的道理、自然流露的情感，总是一次次唤醒迷失的少年。总是自嘲没有创新、没有花样的老许，在面对学校布置的班级文化建设、学生个人比赛、班级团体竞赛等工作时，却总是身体力行地去指导学生积极参与，他经常对学生说"也许我们获得不了第一名，但是我们用心了就是一种进步"。

中午时分，我偶尔经过体育办公室，看到老许趴在办公桌上休息，不，那应该是小憩。虽然已年近六十，但老许从来没有回过寝室午休，而只是在那放满工作资料的办公桌上简单地趴一会儿。在短暂的休息后，老许又拿起口哨、戴上帽子、揣好秒表往运动场走去。看老许的课堂我总会回忆起学生时期的体育课，是那样的传统，又是那样的扎实。立正、稍息的整队、活动手脚关节的准备，似乎都像陈年老酒般让我回味无穷。我从来没有见过老许写的备课本，但他的备课却都体现在课堂上了，也许作为从教近四十年的体育老师，他对每一堂课的教学设计早已成竹在胸。从起跑姿势、投掷姿势到呼吸调节、步伐调整，凡是他能做的都不厌其烦地亲身示范。

对于体育课他从来没有轻视过、随便过，他总说："也许学生不喜欢我的课，因为我几乎整节课内容都是练习，体育课不是放山羊，而是一门极具科学性的课程，要让学生掌握体育常识、基本动作，按部就班地培养学生动作的规范和体育素养才能体现课程的价值。"是的，老许的课堂就像他的口哨一样年复一年、日复一日有节奏地吹响着，即使下雨天，老许也会在教室里给学生上理论课、保健课。不仅如此，每年学校组织学生参加县运会、乒乓球比赛、象棋比赛等，老许都会身先士卒，主动承担起训练和带队的任务。为了不影响学生的学习，老许几乎把学生的训练都安排在午休、课外活动、假期等时间，但他却从来都没有主动问学校要过加班费用。

　　每天下午，很多没有晚自习的老师都离开了学校，但老许的工作仍在继续，直到深夜。已经担任生活指导老师八年的他，不仅把住宿生纪律、卫生管理得井然有序，而且还时常指导学生如何独立生活，培养学生的自理能力。每学期初在学生入住之前，老许都会加班加点地手工完成住校生名单并一张张贴到相应的寝室门上；在学生入住之后，老许还会分批召开住校生和寝室长会议，拿着手写的讲话稿，对他们进行详细而深入的发言，小到鞋子摆放，大到卫生打扫、就寝纪律，老许每学期总会强调一次。学生宿舍楼里的小阁楼算是老许的第二个家了，因为这里是他住得最久、最多的地方。简陋的房间里，课桌上摆放的住校生请假登记表、检查反馈表最显眼，那都是老许手工制作完成的，记录着每天请假学生名单和检查扣分情况，而这些也成了老许每天查寝的重要依据。"你们寝室昨天因垃圾没倒被扣分了。""你们寝室因有人未请假而夜不归宿被扣分了。"一句句的提醒、一次次的强调，每晚都会在学生寝室楼出现。到了晚上 10 点、11 点、12 点，老许依然会起身转一转寝室，听一听有没有动静。也正是因为老许的"不爱睡觉"，很多突发的事情才能得到及时解决，比如学生感冒、中暑、肚子疼等，被誉为"学校老中医"的老许总是充当着临时救护员的角色。当晚上天热时，老许会给学生开一段时间电风扇，但在晚上11 点左右便会悄悄关掉，不过这一用心却遭到了很多班主任、家长和学生的不理解。有一次，我问他："许老师，你一般晚上几点睡？"他说："等学生都睡了。"是的，老许是学校最后一个入睡的人，但他同时也是第一个起床的人。每天天微微亮，6点不到，老许就起床开寝室门，并把当晚的检查情况写到值周检查记录墙上。

老许，就是这样一个人，每天守护着学校、教育着学生，不用华丽的言辞，不用新潮的工具，默默地在这一方土地上辛勤耕耘。但工作的忙碌并没有影响老许对待生活的态度，他时而以钓鱼为乐，时而以下棋为趣，时而与好友小酌一口。用积极的生活态度去对待烦琐的工作。

老许，真的老了，花白的头发已悄然爬满他的头顶，老年斑也逐渐凸显。但我却总是记不清老许的年纪，仿佛他依然像我们青年人一样，充满着生活的热情、工作的激情。这位在教育事业上的"老黄牛"也正在用他的精神，感染着我，感染着身边的每一个人。

虽然我已调离，但还会时常想起老许对我的关心、关照。我也想起了，2023年4月，老许就要退休了。

老许（左一）在元旦文艺汇演中表演走秀，拍摄于2018年12月

8. 希望之声广播台

我是如何走上行政岗位的？这还得从一个社团说起，那就是"希望之声广播台"。

在我工作之初的几年，定塘中学形成了特色德育品牌，即"五个一工程"。这是当初郑方云校长根据学校的德育工作实际，概括提炼出来的。"五个一"，即一言、一台、一操、一校、一班。一言即每日一言，一台即希望之声广播台，一操即广播操，一校即业务团校、一班即国旗班。

希望之声广播台，是我提议创办的，可以说是当时学校的第一个社团。什么时候创办的？为什么要创办？如今想起来似乎有点模糊。

在入职经过一学期后，我已经逐步适应了我的工作岗位。有次，我和郑校长、德育主任胡建设交流起来。他们说，定塘中学正处在百废待兴之时，这亟待开发的一片热土，急需年轻人发挥自己的力量。或许，就是在那句话的影响之下，我提出了要创办一个广播台的想法。

在校长、德育处的支持下，希望之声广播台于 2009 年 4 月正式开播。希望之声，顾名思义，是给予学生希望，传递美好之声。

广播台需要播音员，我就在自己任教的班级上寻找；广播台需要播音稿，我就自己用电脑搜集；广播台需要设备、场地，学校领导就对体育器材室进行了改装，专门腾出了一个场地作为社团活动场所。

那时的我，真的是满腔热血。为了做好这个社团，为了能保障广播台每天播音，让校园在午间、傍晚都有"好声音"，我每天利用课余时间，准备好播音稿，让播音员能够圆满完成播音任务。

那时候，真的是不知疲倦，只为做好一件事。

广播台的正常运行，得到了学校领导的高度肯定。当时，郑校长还说要给我补贴。我自然是拒绝的，因为这个想法本身就是我提出来的，也是我自愿去做的。做自己想做且喜欢做的事，为什么要补贴？

自那以后，学校领导也开始逐步给我各种锻炼的机会，当班主任、做学校团委书记。从此，我开始走上了行政岗位。

依然记得，当初我对广播台进行了多次改革。从每天上下午播音，逐渐发展到一、三五中午，二、四下午播音。

周一的《校园内外》，周二的《文学星空》，周三的《阳光心灵》，周四的《法制专栏》，周五的《走遍天下》。后又增设点歌台、时政摘要、英语角等栏目，将原有的《法制专栏》改版为《成长导航》，将原有的《阳光心灵》改版为《健康一百分》。每一个栏目，都在负责传递各种信息，在当时功能可堪比如今的公众号。

为了让广播台社团化、规范化、制度化，为了能把工作重心转移到培养学生能力上，可以将广播台完全脱手交给学生，我陆续制定了社团章程、工作制度，每学期制订工作计划。从第二年起，就开始面向全校招收广播员。从这里，也走出了不少优秀的学生，虽然她们最后没有走上广播行业。

后来，由于我的工作岗位调整，广播台也转交其他老师运行。再后来，大概是2014年或2015年，广播台似乎已经完成了它的使命，自然而然地就停办了。这也是我一直遗憾的事。

9. 唯一的三年——蜗牛家族

2013 年 4 月 12 日，我参加了县第二届班主任论坛，斩获一等奖。能够获得佳绩，不得不提我唯一一个完整当了三年班主任的班级——蜗牛家族。

工作一年后，我就曾跟几位同事说起想当班主任的想法，也表达了我一定会让我的班级变得与众不同。虽然，那时候我还没有班级文化建设的概念。

2009 年 9 月，在校长的肯定下，我终于如愿以偿地当上了班主任。在接到通知后，我就经常在思考、策划，该如何让这个班级变得有特色、与众不同。

8 月底，学校组织开展了军训活动，这也是我参与过的唯一一次学生军训，记忆深刻。

小学毕业生刚刚结束漫长的暑假，在军训中转变成初中学生。军训不长，为期五天。但这五天却是班级从无到有的过程，是彼此相识、相知的日子，是凝聚力逐渐形成的关键时期。

这五天也是对学生体质的一次考验。在父母的心疼、老师的培养、教官的指导下，我们还是顺利地完成了军训的任务。

给这个班级起个什么名字呢？我一直在想。

有一次，我问了我的同学——荔港学校陈乔瑛。她告诉我，她的班级叫蜗牛家族。我顿时觉得，这个名字也非常适合我的班级。

蜗牛是一种较小的软体动物，就好比我们的学生，基础较差、能力较弱、自信心普遍不足；蜗牛身上有重重的壳，就好比我们的学生身上肩负着想要改变命运、创造未来的压力。

但是我的想法，在一开始就遭到了很多同学的反对，他们觉得蜗牛太不起眼了，而且又爬得很慢，太贬低自己了。于是，我利用一节班会课，让他们对蜗牛进行了讨论。讨论中我还播放了周杰伦演唱的《蜗牛》，让他们去聆听、去体会这首歌的意义。之后，他们发现蜗牛头上的触角像个V字，代表着胜利、象征自信。蜗牛还有属于自己的精神：勇往直前、永不后退，不抛弃、不放弃。这都是需要我们去学习的，去学习蜗牛那种为了自己小小的梦想，一步一步往上爬的精神。这种精神后来就成了我们班的信仰。

有了班名，我们该如何去建设这个班级，如何让这个班级成为全校最特别地班级呢?

首先，就是教室环境布置。我以"蜗牛"为主题，将带有蜗牛图案的"班级之星、我的志愿、美文园地、英语角、卫生角、励志名言"等栏目安置于教室的不同角落。

然后，就是其他"软文化"的设计。经学生讨论，我们决定将周杰伦演唱的《蜗牛》作为我们的班歌，还设计了班旗，让班旗在学校大型活动中飘扬。我为每个学生发放了蜗牛家族胸章，佩戴在书包或衣服上，使他们时刻感受到自己是蜗牛家族的一员。另外，我还根据学生的提议，组建了蜗牛家族QQ群，讨论班级事务、加强交流沟通;建立了蜗牛家族博客，发表一些我对班级的感受、我想对学生说的话;制定家族公约，严明家族纪律等。

此外，我还一直在坚持做一些事，这些事一坚持就是三年。

那时，我坚持让学生每周都写一篇周记，并给每篇周记作回复。有一次，我们班有位女同学写了这样一篇周记，她说自上初三以来她学习比较刻苦、自觉，但每次月考成绩都不是很理想，她埋怨自己没用，有时候还会为此哭泣。于是，我利用周前讲话与全班同学分享了这样一句话，"据说，世界上只有两种动物到达过金字塔顶，一种是雄鹰，一种是蜗牛，雄鹰靠自己强劲的翅膀飞上去，而蜗牛却是一步步爬上去，它们都创造了辉煌"。很多同学至今都保留着那三年所写的周记，通过周记他们看到了自己成长的轨迹。对他们来说这是一笔重要的精神财富。

那时，我还坚持开班会，我们几乎每周都会举行主题班会。每次的班会都由学生自行组织，包括写发言稿、PPT制作、人员安排等。记得我们曾经召开过《梦想从这里起航》《向上吧，蜗牛!》《冲击期末，蜗牛开始起飞》《我们还能遗憾什么》等主题班会。在毕业的那一天，我们班同学又自发地组织了最后一次主题班会，主题是《那三年，我们一起奋战中考的日子》。我们坐在一起回忆难忘的过去，畅想美好的未来，表达对班级的不舍、对老师的感激、对同学的祝福。

在手机拍照、录像功能还未普及时，我买了一部 DV 机，主要用途就是记录学生在校的"精彩瞬间"。每次班级有重要活动，我都会拿着手机和 DV 机给他们拍照片、拍视频。还会配上一些励志的音乐制作成影片，每隔一段时间，我就会放给他们看。并经常告诉他们，这些都是我们初中三年最美好的回忆，只要我们看到视频，我们就会想起初中三年的点点滴滴，也会看到自己成长的过程。每次看视频，看到自己曾经的稚嫩，他们会羞涩地笑，看到自己取得的成就会感到骄傲，但更多的是流露出感动。

还记得，在一次文艺汇演中，6 位同学上台演唱了班歌《蜗牛》。在台上他们勇于承认曾经的错误，表达对我的感谢，并表示将为中考全力以赴。话音未落，在台下的其他同学都站了起来，他们一起唱响了班歌。坐在一旁的我，也忍不住流下了感动的泪水，全校师生也被感动了。

如今，他们已经毕业 10 年。虽然已各奔东西，但"蜗牛家族"一直存在。我也相信，蜗牛的精神也一直在激励他们；我也坚信，"信仰，一定会让蜗牛起飞的"。

蜗牛家族运动会合影，拍摄于 2011 年 11 月

10. 与"君"相识

2009年8月底，学校来了一位新领导，说是从别的中学调过来的，担任学校党支部书记、副校长。而这个消息，最早也是我的高中同学告诉我的。好像是因为培训，我错过了在教师会议上与"君"的第一次见面。

"君"，就是朱炎君。听很多老师说起他，尤其是女老师，都用了同一个字形容他——帅。

那时的朱校长，也就是我现在这般年龄，年轻。第一眼见，是有外表的帅；相识久了，是有内涵的帅。

朱校长很喜欢开玩笑，且玩笑的级别比较高，一般人还未必能听懂。又很喜欢问富有"哲理"的问题，让人捉摸不透，不易回答。

"我会随时来推门听课，不提前告知、不打招呼那种。也欢迎大家随时来听课，我会在教室后面放好小板凳"，这是朱校长在开学初的一次会议上讲的，后来他也确实是如此做的。

朱校长的办公室，放着两条椅子，一条是他坐的，一条是给他人坐的。这个"他人"，我觉得更多的是学校其他老师。他或许是在等待着老师们去交流专业发展、课堂教学，亦可谈谈诗和远方、谈谈眼前生活。

朱校长是全县有名的数学教学能手，不但教学水平高，而且教学理念、教学方法也先进。后来，我更是觉得他的教育理念也是非常先进的。这与他爱阅读、爱思考、爱研究的习惯是分不开的，而我现在的阅读习惯就是受他的影响。他的桌子上永远会放着一本"翻开"的书，可能是学校管理类的，可能是学科教学类的，也可能是教育专著，有时候还会有哲学类的书籍。书的种类是比较"杂"的，《周易》《道德经》和王阳明的书是他最爱研究的，也是在他桌上最常见的。

　　我不知道我是第几个坐在他对面椅子上的老师，但我仍然记得那次他来听完我的课后转身离开的画面。为了问清楚他为何"转身离开"，我主动来到了他的办公室，向他请教。"学科专业我不是很懂，但是你可以从教学方法上去改进"，完整的话我已经记不清了，大概就是这个意思。他对于老师们的"请教"，总是会不厌其烦地予以指导。

朱炎君（左一）与"京城活雷锋"孙茂芳的合影，
拍摄于 2012 年 11 月 13 日

　　他经常鼓励老师们要"走出去"，去参加各类专业比赛，积累自己的专业资本。他经常推老师们"出去"，广邀县内名优教师来校"认领"徒弟。而我也正是因为有了这样的平台，才开始慢慢"走出去"。

　　偏远的乡村初中，教研活动少、专业发展机会少、展示平台少、专家指导少，甚至连老师们认识的"人"也少。老师们更多的是"埋头耕地"，却很少"抬头望天"，似乎把自己"禁锢"在了"三尺讲台"，成了井底之蛙。

　　朱校长曾写过一篇短文，好像是发在了他的 QQ 空间，题为《心师》。偶尔读到，对我产生了极大的启发——原来心亦可为师。《心师》的内容，已然不记得。但那时，我也在 QQ 空间写了这样一段文字（有改动）：

要敢于把自己上课的不足展现给别人看，这样才会知道自己有多不足。每出现一个不足，就要及时去弥补。人无完人，只有不断趋于完人；课无好课，只有不断趋于好课。

抓住每次展现自己的机会，因为，这是暴露自己不足的一次机会，也是进步的一次机会。不要怕上课，要怕没课上。

他曾对我说过这样一句话："你现在年轻，有的是资本，出去上课、比赛，出丑不要怕，那是正常的，难道等四五十岁了再去出丑吗？"

是啊！失败不可怕，可怕的是连失败的机会都没有。我想，我可能就是在这句话的影响下，才真正开始探索我的专业成长之路。

如今再回首，我真的觉得，只有偏远的学校，没有偏远的老师。

11. "无知"的四年

郑方云校长曾说过"老师要在前三年站稳讲台"。什么是站稳讲台？对刚当老师的我来说，就是不要让学生赶下来，就是这么简单。

当然，现在想想，"不让学生赶下来"背后所需要的支撑还是很多的，也是不易的事。

初出茅庐的我，对如何教书，全然不知。

记得有一次，就是工作第一年里的某节课。我在备课本上写了潦草的教案，上课时错把"荒地"两个字念成了"菜地"。这根"刺"一直扎在我内心深处，也曾想当时的学生听了会有何感受。照着教案念，照着教案讲课，这真的是在教书吗？

太不专业了！

还是那一年，在教研员蒋忠明的带领下，全县三年内的新教师都来到了定塘中学听课。听谁的课？自然是我的课！

一节历史课，我至今还记得，课题是初二的《新航路开辟》。

怎么上？真的不知道！干脆就来点创新吧！

课上，我让学生演绎了一段"历史剧"，表演了哥伦布和鸡蛋的故事。

当然，课后迎来的是批评声、质疑声。因为，确实不知道怎么去设计。用后来朱炎君校长常说的一句话来形容，就是"门框都没摸到"。

教学设计的常规流程不知道，重难点抓不住，我感觉自己就是一个教学"小白"。如此下去，怎么配当老师，怎么对得起学生，对得起家长。

教师，不只是一份工作、一份职业那么简单。吃的是"良心饭"，育的是"未来人"。

我浑浑噩噩走过一年，终于开始接触到一些理念、一些方法，也终于开始向县里"进军"。

2010年底，我写了第一篇德育案例，题目是《转换角色，搭起沟通的桥梁》。写的是我与蜗牛家族某位同学之间的故事，获得了县二等奖。这可以说是我第一次获得的县级奖项，虽然现在回过头去再看这篇案例，显然自己是不会满意的。但是这也激励了我，增加了自信心，原来试一试真的会有意想不到的收获。

2011年5月，我又抱着试一试的心态，参加了县学科命题比赛。不知道是不是因为"小幸运"，这次比赛居然又获得了县二等奖。自此，我每年都会参加县命题比赛，从未停止过。

2010年，是我走上行政岗位的第一年，担任学校团委书记，同时也兼任学校信息员，负责信息报道工作。我的"写"，也是从那时开始。这一年的努力，也为自己赢得了"优秀信息员"的称号，我开始逐渐爱上了这个工作，至今也未曾"脱离"。

各方面的开始成长，为我之后的发展奠定了基础，我也开始充满"斗志"，也想在这个偏远学校干出一点成绩。

朱炎君校长曾说过，教师成名有三条路。一是成绩，学生成就教师，如学生考试取得的成绩、指导学生参加比赛获得的成绩；二是管理，在自己的行政岗位上有一定的"建树"；三是文笔，写论文、做课题、写信息报道等。

是的，无论哪一条路，作为老师，总能为自己找到一条合适自己发展的路。但也不是都能随随便便成功的。

2011年11月，我再次征战县级讲台，参加了当年的第一轮全员研教县级赛课。上完课后，自我感觉良好，我自认为"很满意""上得不错"。但是最终的结果却不尽如人意，只获得了"教学智慧"三等奖。那时的我，丝毫没感觉到"荣耀"，反而觉得是一种"讽刺"。

回来的路上，我暗暗发誓，"失去的，我一定要拿回来，我要证明自己"。

是的，那时的我，就是这样的"无知"，也是那样的"无畏"。

12.成长，就在那几年

2012 年，是我"职业生涯"的快速起步期。

这一年，我认识了新的思想品德教研员杨晓芬老师，并跟随着史基宏老师开启了"巡回上课"模式。一年后，我也很自然地成了县第三届名优教师带徒活动的一名学员。

2012 年 5 月，我又一次参加了县学科命题比赛。而这一次，我出乎意料地拿了一等奖。这幸福来得太突然，也来得太快。而且，杨晓芬老师还把我的命题作品送到了市里参赛，斩获市二等奖。因此，我也有机会登上了市级舞台，做了一次命题分享。这也是我第一次认识宁波市教研员杨翠玉老师，再后来我成了她的关门弟子，成了"小五班"的一员，开启了一段"特级带徒"之旅。

虽然，我每年都在参加县命题比赛，但杨晓芬老师还是经常对我说一句话，"怎么你这几年的命题质量还不如我第一次见到的"。

2012 年 9 月，不知道哪里来的勇气，我参加了县优质课比赛。也许就是因为当初的那句话，"失去的，我一定要拿回来，我要证明自己"。

此时的我，对如何上好思想品德课，也已经有了一些理解，但还是未抱多大希望。而这几年的进步，我想就是那一年"巡回上课"的成效。至今，我还记得那堂课是《依法参与政治生活》。我在比赛中脱颖而出，获得了一等奖，赢得了教研员、评课老师的一致好评。

2013 年，县第二届班主任论坛开始，我带着我的"蜗牛家族"走上了南区的选拔赛。没有华丽的语言，也没有精美的 PPT，只有我对班级文化建设的浅层认知和探索。

而在当时，班级文化建设在县内还未普及，有很多人在做，但很少有人对经验加以提炼。我的粗浅"提炼"，也让我有机会参加了县里的比赛。在张玮景老师的指导下，"蜗牛家族"在县里公开亮相了，赢得了掌声，当然也赢得了荣誉——县一等奖。也是在那时，很多老师开始认识了我——"你就是那个蜗牛家族吧"！

同年的五月，亦是丰收的五月。县第三轮全员研教县级赛课，我获得了一等奖。在哪里跌倒，就在哪里证明自己。

教坛新秀是衡量一个教师学科综合能力水平的比赛，也是很多老师"起飞"的重要阶段，我自然是不会"放过"这场重要的比赛。

有人曾说，参加过教坛新秀比赛的人都会"脱一层皮"。是的，因为这个比赛需要"24 小时备课"，需要"孤军奋战"。要想在全县思想品德学科"新秀"中脱颖而出，确实不易。

2014 年，县第十二届教研新秀比赛开始。我果断报了名，也要尝试一下"脱一层皮"的感受。还记得那次上课的课题是《公平是社会稳定的"天平"》，经过角逐，我顺利突围，获得了一等奖。

而那时，我也天真地以为，获得了县教坛新秀一等奖，专业的发展应该是暂时告一段落了。想不到，这才是真正的开始。专业发展之路是无尽头、无终点的，只有"重整行囊"，才能再出发。

这几年的快速发展，让我有点"迷失"，这一切是不是来得太快了？因为，我一直觉得自己是一个"灵感型"的老师，没有扎实的教学功底，没有深厚的理论水平，我的内心也会时常感到"虚弱"。"九层之台，起于累土"，没有深厚的功底，怎能撑得住？怎能走得远？

我也一直觉得自己是一个幸运儿，无论是在专业成长、班主任工作还是行政工作方面，在我身边一直有一群贵人、高人。正是因为有他们，我才会开始并坚持"累土"。

作者参加宁波市命题展示活动的照片，拍摄于 2012 年 9 月

13. 此刻，我多么想站在讲台上的人是我

"井底之蛙，只能坐井观天；鱼缸之鱼，只能四处碰壁"。是的，拘囿于自己的"小世界"，眼界会狭窄、视野会缩小。人，只有多走出去，看一看、听一听，才知道外面的世界有多大、外面的老师有多厉害。

2012年，在教研员杨晓芬老师的推荐下，我第一次有机会到宁波听课，聆听了市思想品德展示课。回来后，我写了一篇文章，题为《此刻，我多么想站在讲台上的人是我》。

"此刻，我多么想站在讲台上的人是我"，这是我听完当天思想品德课后发自肺腑的感受。但是，对当时的我来说，这仅仅是一种奢望。这不是一般人可以站上去的讲台，这是一个有扎实功底、有较强教学能力的老师才能站上的舞台。同时，这也是对一位老师教学水平的肯定。所以，我多么想拥有这样的机会，多么想尽情地展现我的教学能力。但对我来说，是那么的遥不可及，我只是一个再普通不过的农村初中教师。

大学毕业那会儿，我因为自己的性格较外向开朗、较风趣幽默，曾经畅想着将来会形成自己的教学风格，或三年，或五年。年少轻狂、骄傲自满的我，也曾不愿接受他人的批评建议，想着一定要随着自己的个性去开辟一条属于自己的教学道路。而今回想起来，那时的我实在是太稚嫩。工作前四年，我很少有机会去参加县里的比赛，很少有机会走出去听课，更没有机会走出象山去观摩外面的精彩课堂。

而那一天，是我工作以来第一次去宁波听课，用"井底之蛙"来形容我，实在是恰当之极。

我就是那只"井底之蛙"，永远守候着自己的那一片天，不知道外面的世界有多大，不知道外面的老师有多高的教学水平。在一个缺乏教研氛围、缺乏名师指导的环境中，"闭门造车"成了我那时唯一的选择。可是，这绝不是正确的选择，它只会让我走向一条死胡同，逐渐形成自闭、自私、自傲的风格。

这是我想走的路吗？肯定不是。

市里的那次展示课，给了我哪些印象，哪些启发？

那时我觉得，要想站在这个讲台上，必须具备四个要素，即上课要"淡定点"、设计要"新颖点"、素材要"亲近点"、语言要"精炼点"，这也是我那篇文章的四个小标题。

那上课的四位老师能沉稳地站在百余位老师面前，能沉着地应对课堂生成，着实让人佩服。回想自己，我也曾多次上公开课，少则几人、多则数十人听课，但仍然不可避免地感到紧张。面对课堂的生成，面对设计以外的意外，更多的是焦虑；面对课堂氛围"或冷或热"，我感到难以驾驭。我想，作为一位老师，如果没有良好的心理素质、没有较强的课堂驾驭能力，一遇大场面就紧张、一遇课堂生成就焦躁、一遇超出设计的意外就不安，是绝对不可能在教学上有所成就的。

教学有时并不能完全按照你的设计按部就班进行，课堂生成也并不会完全在你意料之中，所以，拥有良好的心理素质十分重要，它是保障你的课能够顺利进行并绽放光彩的重要因素。但是要做到沉着、冷静、不焦、不躁、不慌、不乱，并不是那么容易，我想这与平时多上公开课是分不开的。

在不断磨炼中，我们会逐渐地掌握驾驭课堂的能力，逐渐培养成随机应变的能力。年轻就是资本，就算我们每次都在"出丑"，那都只是我们教学生涯中的"彩排"。总有一天，会有属于我们自己的"正式演出"，而那时的我们将是光彩夺目、星光熠熠的。

那天，我还有幸听到了郑乐安老师的精彩讲座，后来我成了她的师弟，也是她的学员。郑乐安老师说，要上好课，需要做到读懂教材、读懂学生、读懂课堂。她把教师这个职业比作"执着于叶的事业"，其实我们每个老师都是绿叶，是为作为鲜花的学生做衬托，我们"叶"的成长，是为了"花"绽放得更鲜艳、更美丽。

"此刻，我多么想站在讲台上的人是我"，可是我的基本功还远不够扎实，离那个讲台还很遥远。但是我想，只要我一直努力，只要多学习、多吸收、多反思，总有一天我会站在那个讲台上。

"井底之蛙"总有一天会跳出那口水井，在更大的、更宽阔的舞台上尽情展现自己的能力。

14. 市教坛新秀之路

市教坛新秀对很多人来说，是走向市级舞台的一个重要平台，也是一个证明实力的机会。而且并不是每个人都有这个机会，都这么幸运。

2014 年 4 月，我获得了县教坛新秀一等奖，已经"脱去了一层皮"。但原本释去的重负又再一次背上，因为接下来就要准备市教坛新秀的评比。而我也一直自认为能够获得县一等奖纯属侥幸，能够从偏远农村走出来，我似乎是靠着运气，凭借着"小聪明"幸运地摘得桂冠。

在接到教研员杨晓芬老师的通知后，我又一次踏上了征途，但这一次是更大、更艰难、更激烈的战场，因为那是一个高手云集的地方。要想在这场高水平的教学比武中获胜，我还能凭"好运"坚持到底吗？显然是不可能的。

为了能够让我在这场"战斗"中获得更优异的成绩，杨老师为我安排了一条不平凡的是市教坛新秀之路，这也是我自工作以来的"第一次"磨砺。

其实，早在县教坛新秀评比之前，杨老师已经多次叫我参加三年内新教师理论考试、青年教师专业素养测试等笔试项目。显然，面对一次次的理论考试，我是抗拒的。直到经历了后来的那些考试，我才知道之前的理论考试是多么重要。

冲击市教坛新秀前，我该做些什么？我似乎很迷茫。

杨老师说，要多看教学理论、课程标准，还要多做中考题、高考题。这似乎对我来说已经够"恐怖"了。但杨老师还说，更要不断地上课，要24 小时备课。通过课堂不仅可以发现自己的不足，并努力改正，而且还可以逐渐适应比赛和调整心理状态。

不断上课？24小时备课？天啊！刚结束的县教坛新秀评比已经够折磨人了，现在还要继续吗？看来这用"恐怖"形容是明显不够了，简直可以用"惊悚"来表达我内心的感受了。

但此刻的我，不仅是代表个人在"战斗"，更是代表了学校，代表全县思想品德教师在"战斗"。我必须鼓起勇气、坚定信心，去接受、去努力、去突破，这样才能让自己发生"破茧成蝶"的蜕变。

"铃……"电话响起。

"准备一下七年级下册《让我们选择坚强》，明天上午来外国语学校上课。"电话那头，传来杨老师的指令。

"啊……"，我惊慌了，我从来没有认真上过初一的思想品德课，而且这也不是我所擅长的。默默地接受后，我开始了备课。也许因为不是正式比赛，也许是自己的能力有限，备好这节课我只花了4个小时，早早就去睡觉了。

第二天的课在磕磕绊绊中结束了，杨老师还特意找了一些专家名师前来指点、剖析。当然，评价的结果肯定是如意料之中那样，专家、名师给我指出了许多问题，甚至可以说我是完全不会上这种心理课的。

我陷入了无尽的痛苦中，我该怎么办，我该如何去应对市教坛新秀。"看来，你还得多上课。"杨老师的任务又来了。

当然，在参加上课比赛项目前，还得过笔试一关。所以当务之急还是要把自己的理论功底搞扎实，毕竟这也是我的缺陷之一。从那次上课之后，我确实买了一些书，确实找了一些资料，但是对待这次比赛似乎心里还是没有高度重视和高度紧张，在暑假并没有把过多的时间花在理论学习上。

9月初的某个晚上，我再次接到杨老师的任务，"明天来丹城第二中学上一节《日新又新我常新》"。

好吧，虽然从9月开始我正式接任了学校德育主任一职，虽然开学初有很多的事情要处理，虽然有各种理由，但是市教坛新秀比赛才是我眼前最重要的任务。我得正确处理好各种关系，为自己去市里比赛做好充分准备。所以在比赛之前，我还是得不断地看书、学习，不断地去磨课。

我欣然地接受了这个任务，又开始独自备课。结果可想而知，跟上次上课是一样的。当然，丹二中的专家团队也给了我许多宝贵的建议，这对我来说又是一次新的收获。

9月24日，此刻距离市教坛新秀笔试还有两天，我又一次接到了杨老师的任务："蒋健啊，明天来象山港书院上一堂《丰富多样的情绪》。"

"不会吧，又是这种课，又是我最薄弱的课。"我心里暗自思量。不过，有了前两次的经验教训和专家名师的指点，我对这次的课还是准备得非常充分的。

在这次上课中，我充分抓住了以学生为本，从学生生活实际出发的原则，通过创设各种真实情境和小组表演的形式，让这堂课亮丽了不少，也赢得了专家名师的好评。当然，也暴露出很多问题，比如教学语言的不严谨、随意性较强，课堂应变能力稍显不足，等等。这些都是需要我在正式比赛中去改进的。

三次的磨课，应该说还是算少的，但是也给自己积累了不少经验，这可以说是我在逐步蜕变的过程。带着教研员杨老师的期待、全县思想品德教师的关注和学校同事的祝福，我正式踏上了市教坛新秀之征程。

9月26日我正式去参加市教坛新秀笔试，看到与我同台竞技的同仁，个个都是身怀绝技的高手，再看看手中的试卷，顿感自己专业知识积累之少、理论功底之浅、学科认知程度之低、业务能力之差。

笔试归来后，我深刻地感觉到也许真的是侥幸，才赢得这次代表县里比赛的机会。只有7年教龄的我，似乎一路走来都非常顺利，但此刻我深知自己走得并不是很沉稳、并不是很踏实。面对来自全市各校的"武林高手"，我自己那些小伎俩也就不足称道了。

10月6日，在距离上课比赛还有2天的时候，我在QQ空间写下了这样一段话："市教坛新秀比赛就好比一次武林大会，给你一本武功秘籍，让你在12小时内修炼完成，并在武林大会上与人较量。那一刻，表面拼的是谁战斗力强，谁内功高，实际拼的是谁更自信、谁心理素质更好、谁的武功基础更扎实、谁的领悟能力更强。我并不算是一个高手，也并不算是一个奇兵，只是一个平凡之人。面对如此大的场面，难免会紧张、难免会失措。我一直自认为是一个灵感型的老师，灵感来了也许会出奇招，灵感没有了，就连最普通的招数都使不出。灵感，多么奇妙又可怕的词。一个人如果光靠灵感肯定走不远、也走不长。这也许是一场影响一生的比赛，也许只是无关痛痒的战斗。但只要把握住了，这就是一次蜕变的机会。此时此刻，我能做什么，我不知道。期待那天的到来，期待那天的精彩，期待那天的结果……"

10月7日下午，我怀着忐忑的心情正式踏上了去宁波"决斗"的路途。18点，电话响起，杨老师告诉了我课题——《海纳百川 有容乃大》。18点30分，晚饭后，我一个人静静地在宾馆灰暗的灯光下开始备课。看教材、看教参、上网查资料、向同仁求助、向专家请教……我一边按照自己的思路设计着，一边向其他老师征询着。杨老师也动用了大量的师资力量，为我出谋划策，可是我感觉他们的设计思路与我的是完全不一样的，那该怎么办？

时间已经到了21点，此刻，我按照自己的思路只完成了一半的教学设计，接下来似乎没有找到更好的办法来完成剩下的一半。我开始抓狂、开始迷茫，还有14个小时就要走上讲台，我该怎么办？于是我静下心来思考，是否可以换一种设计方式，如果是这样的话，时间是否还充足？带着疑惑，我接到了杨晓芬老师、鲍伟玲老师、戴蓉蓉老师、史基宏老师等发来的信息和打来的电话。他们毕竟是名师，都不约而同地讲到了该课要以学生为本，从学生的学习、生活实际出发，充分挖掘学生资源。

此刻，我真的明白了，明白了我该如何来上这节课。时间已经到了23点，我抛弃了原有的教学设计，又重新进行了梳理和设计。经过专家老师的指点，我的第二次教学设计变得更加容易。直到凌晨2点，我才大致完成了教学设计，此时的头脑已经接近迷糊了，就在这样迷糊的状态下睡了4个小时。那一晚，绝对不止我一个人无法入眠，那些关心我、关注我的老师们也都为我操劳了一晚上。

10月8日早上6点半，我踏进了宁波七中的校园，与我的"对手们"一同进入备课室，开始了我教学设计的第三次修改。此时，周林建老师早早与我取得了联系，我们在网上对于我的教学设计进行了再次讨论。周老师一针见血地指出了其中的不足，并提出了改进建议。但与此同时，我身边的"对手"一个接着一个地进入"战场"，这叫我如何安心备课，我的心已经不由自主地紧张起来了，而且越来越紧张。时间到了中午11点，我已经正式完成了教学设计，接下来我该做的就是——吃饭。吃个饱饱的午饭，随后调整一下自己的心理状态，开始披上"铠甲"，带上"兵器"，向"战场"进军。

上课了，我该讲什么，我第一句话该说什么啊？我的脑子怎么一片空白？眼前坐着的都是市级教研员，还有专家名师，我顿时被这场面震住了。直到10分钟后，我才开始慢慢进入状态，此时的我已经心无旁骛，眼里只有学生和我的教学设计。

可是，问题又来了，七中的学生好优秀，知识面好广，这已经远远超出了我的预料。但临场应变和幽默不正是我所擅长的吗？于是，我用轻松的语气、诙谐的语言对课堂生成进行了巧妙的转移。按照"访谈式"的教法，按照"从学生生活实际出发"的原则，我与学生之间展开了热烈的互动。时间过得好慢，终于下课了；时间又过得好快，居然下课了。慢是因为自己很想早点结束这场"战斗"，早点"解脱"；快是因为这节课让我非常地享受，完全沉浸在课堂之中了。

我深吸了一口气，终于结束了。结束了这第一次"大战"，结束了这第一次"宁波之旅"。此刻，我看到了杨老师的笑容，多么温暖、多么可亲，也许这是对我表示肯定的笑容，于是我也笑了。第二天，杨老师的电话又一次响起："恭喜你，第六名！"

虽然市教坛新秀比赛只获得了三等奖，并不算最理想的成绩。但这一路走来，我感受到了团队的力量，感受到了专业成长之路的艰辛，感受到了蜕变的艰难，感受到了破茧成蝶的滋味。但对于我个人专业的成长而言，才真正踏出第一步，往后要想走得更高、更好，我仍然要继续努力，继续在成长之路上奋进。

15. 一级职称评审

职称，对于每个老师来说，都是很重要的。它不仅关系到老师的工资，还是对老师专业水平的肯定。而一级职称，也是老师过了见习期后，第一个要面对的、要拿下的职称。

如今，一级职称评审的权力已经下放到学校了，由学校进行自主评审，难度系数相对较低了一点。这也是对老师的一个"优惠政策"，提高了老师的参评积极性。

对农村尤其是偏远农村的老师来说，一级职称就是自己职业生涯中职称的"最高级别"。往后的高级职称、正高级职称都是"遥不可及"的。

而我的一级职评之路，也较正常情况晚了两年。我于2008年8月参加工作，如果按照正常的评审年限要求，我2013年就可以参评一级。但是由于当时学校一级岗位有限，我被"卡"了两年，不过也因此顺利躲过了"首评"，没有成为"严打"对象。

2015年，终于轮到我参评一级了。此时的我，已经经历了县级和市级教坛新秀笔试、面试，经历了多次的笔试模拟，也看了一些书，积累了一些理论知识。面对一级职评，我还是充满信心的。

2015年6月，我准备好所有资料，上报了教育局。

"就你一个人参评思想品德，你要不要考虑报历史与社会？"时任政工科副科长的吴旭光给我打来了电话。

在我们县，无论是历史专业、地理专业还是思想政治教育专业毕业的老师，都是要教两门课程，即历史与社会和思想品德。

教研员杨晓芬老师告诉我，这两门课发展方向是不一样的，一要考虑自己的大学专业，二要考虑未来自己的发展方向。

因为我的教坛新秀评的就是思想品德学科，而且也在这方面积累了一些经验，所以，我拒绝了吴旭光副科长的提议。

一个人一张试卷会有什么影响？对，就是没有对比，所以考得再好也只能是 B 等。但这也不能成为让我换方向的理由，后来也证明我的选择是对的。

考试是在那年的 7 月 18 日。拿到试卷我就"笑"了，因为试卷上的题目，基本上都是学科专业的中考题，而这些题目也是我每年教初三（除了 2009 学年）时必做的。所以，我对题目非常熟悉。

10 月 9 日，笔试成绩公布了，90.5 分，果然是 B 等。接下来就要准备面试了，这也是我一直最弱的地方。因为我一旦上了正式场合，就会紧张，就会脸红。直到现在，我还没有完全克服这个问题。

面试的时间是 11 月 7 日，在这之前，我又恶补了一些专著、课程标准，希望能对自己有所帮助。结果面试那天，是结构化面试，是要求在 10 分钟之内完成对两道题目的诠释。

11 月 7 日当天，我早早地来到了面试场地，我的高中母校。

第一个环节就是抽签。我是第一个上去的，我希望自己抽中 1 号签，能第一个走出考场。

果然，我抽中了！但，我又紧张了。

面对两道涵盖教学、德育的题目，理论水平尚浅、实践经验不多的我，怎么能够顺利答辩。

如今回想起来，已经记不清当时的题目。只记得有一题是关于拓展性课程建设的，它的渊源是 2015 年 3 月发布的《浙江省教育厅关于深化义务教育课程改革的指导意见》。

由于当时的我在校担任德育主任，也在负责社团建设，翻阅过《浙江省深化义务教育课程改革指导手册》，对于书中的介绍还有一点记忆，所以比较顺利地完成了答辩。

走出考场，我松了口气，但似乎又忘记答了什么。底气不足，何来自信？

12月11日，教育局正式公布一级职称评审通过名单，我顺利通过了。面试成绩是90.67分，列入A档。

至此，我在专业成长之路上也算是初露锋芒了。

16. 我是校庆主持人

2008 年是定塘中学建立 50 周年，我有幸正是在这一年进入定塘中学任教。

虽然，初任初三教学工作，对如何上课还一无所知，对如何站稳讲台也还在努力探索中。但是 50 周年校庆是定塘中学每位师生的大事，是需要每位老师出力的。

依然记得，那时郑方云校长、许峥峰老师、郑国良老师等纷纷忙于校庆事宜，忙前忙后、忙里忙外，还有很多校外的老师前来支援、帮忙。而我似乎还未融入这个喜庆的日子。

50 周年庆典仪式即将来临，我接到了校长的任务，需要担任本次校庆活动的主持人。

主持人？我从来没有试过，也从来没有想过。

而且，在如此重大的庆典活动中，让我一个初出茅庐的"小伙子"来担任主持人，会不会是一个很冒险的决定？

谁都不是天生就会主持的，所以还是大胆一试吧！

"我们给你配了一个女主持人。"学校领导告诉我。

我在想会是哪位女老师呢？

"是一位初一的女生。"

居然是一个初一女生，这怎么可能会想到。她叫屠贝贝（现在叫方贝贝），在初一女生中个头算高的了。

庆典当天，全校老师在凌晨就起床了，主持人、演员开始化妆，老师们各司其职，在各自的岗位上负责相应的工作，有的负责接引，有的负责签到，有的负责发放礼品……整个学校仿佛变成了热闹的晚会现场。

如今再回想，很多场景已经模糊了。只记得老师们都穿上了学校原来就发过的西服，这应该就是老师的"校服"。

而我是刚入校的，没有这套"校服"。为了当好这个主持人，我把工作之前买的西装找了出来，这是大学毕业后为了面试而买的，好像也没穿过几次。

女主持人在化妆师的"包装"下，也从一个十二三岁的小姑娘变成了穿着晚礼服的"大姑娘"。

随着领导们的一段段致辞，一声声祝福，校庆活动正式开始。

我们也就这样踉踉跄跄地走上了台。

主持词是什么？如今没有一句记得。

台上迎来幼儿园小朋友、小学生，还有来自各路的"明星"助阵，使整个庆典格外热闹、格外喜庆。

而我们这两个"不搭"的主持人，也慌慌张张走下了台。

关于校庆的记忆，说实话，真的很模糊了。

但我是定塘中学50周年校庆的主持人，这我应该会永远记得！

校庆50周年主持照，拍摄于2008年12月

17. 四年的团工作

工作刚满两年，刚刚当了一年班主任，我就因学校行政岗位调整及领导对年轻教师培养的重视，于 2010 年 8 月当上了学校的团委书记，正式开启了行政之路，也开始了四年的团工作。

而那时的我，仍然是"蜗牛家族"的班主任。行政人员兼任班主任，在后来也是学校司空见惯的事。

团工作到底要做什么？当时的我，也不是很清楚，应该只是负责学生的活动吧。

如今想来，这个想法还是很"离谱"的，也是很"低端"的。

那时，学校团委一直负责着值周班的工作，也就是全校循环红旗竞赛，当然还负责学生的常规活动，如学雷锋活动、重阳敬老活动等。

把学校的团工作做出新意、做出名气、做成品牌，是当时我一直想努力，也一直在实践的方向。

初任团委书记，由于资历尚浅、阅历不足，我经常收到一些同事的"批评"。我负责的值周班，关系着各班每周的考核分、关系着班主任的考核结果。因此，每位班主任都非常在意每周的检查。

"为什么扣我们班分数？""为什么他们班没有扣？"……此类话语经常"质问"着我。

曾几何时，因为被"质疑""责怪"，我也想过放弃这个岗位。后来，在一次与郑方云校长的交流中，我明白了，其实任何一个岗位都会面对各种"质疑"，会让人感觉到委屈，但是我们面对困难，不能退缩，而应想办法解决。

是的，迎难而上，才能破茧成蝶，才能逐步走向成熟。这是每个人必须经历和面对的，退缩解决不了任何问题。

为了能够让班主任们感觉到更加公平公正，我先从值周班工作制度、扣分细则等方面入手，让值周检查更具制度性、规范性，以此逐步减少"矛盾"和"纠纷"。后来，也证明了问题是可以化解的。

团委是学校丰富学生校园文化生活的重要岗位，肩负着引领学生向上、向善发展的重任。如何让学校团委工作走出特色、走出影响力？四年里，在学校领导的指导、重视下，我们开启了"有无到有""从有到优"的发展模式。

有了之前的希望之声广播台经历，坚定了我继续开展社团工作的信心。于是，自2010年起，爱心社、《希望周报》小记者社、业余团校等开始创建。其中，印象最深的还是《希望周报》小记者社。

《希望周报》，顾名思义是"希望"之寄托，每周刊出一期校报。

每周一，我都会将上周学校发生的重大事情予以记录报道，并用WORD编辑整理，进行印刷刊发。后来一共刊出了多少期，已经记不清了。在我的电脑里只存着29期，也许就只有29期，《希望周报》似乎也结束了它的使命。

现在想想，如果这份校报能够一直坚持下去，将会积累起多少宝贵的资料。

那时，我带着一批学生，一起策划《希望周报》栏目，如名师风采、人物专访、阳光心灵、好书推荐、校园英语、法制天地、走遍象山等；培养一批小记者，进行专门的采访任务、撰稿任务。而他们之中，如今也有很多成为各行各业的佼佼者，有的当了老师，有的还在读研究生……

也许，我的信息报道写作功底，也是在这样的过程中慢慢培养起来的。象山教育信息网、象山团县委网站、今日象山报纸等均出现了我的很多报道。

除了社团建设，更多的是学校的活动开展。

每年3月5日的学雷锋活动、3月12日的保护母亲河活动、清明节扫墓活动、重阳节敬老活动……都是团委的常规工作。

而校内的学生活动，也由原来的无序状态走向了规范化。

"体育节""艺术节""科技节""读书节"成了校园四大节，那时的校园，几乎是每周一次小型活动，每月一次大型活动。我们一直在努力为学生搭建更多可以展现他们才艺、能力的平台，为他们将来的学习、生活、工作赋能。

学校的团工作日渐成熟，也取得了一定的成绩，而我也开始有了一些"名气"。

那四年，我乐此不疲，我满怀激情……

而如今再回忆那四年，却有很多的遗憾，很多的不成熟。

作者与孙茂芳同志的合影，拍摄于 2012 年 11 月

18. "制度哥"的由来

"制度哥"一词，是同事对我的"别称"。意思就是我喜欢制定制度，喜欢按制度办事。

至今，我仍然觉得，以制度管理、以制度育人是学校各项工作的重要保障。没有制度，很多工作"无章可循"，很多措施"无据可依"。当然，制度不是万能的，但也是万万不能没有的。

师生之间的矛盾、学校与老师之间的矛盾、学校各科室之间的矛盾，其中就有因为制度的缺失或者不完善而造成的。有了制度，可以缓解矛盾，甚至可以避免一些矛盾的产生。当然，制度是需要与时俱进的。

2014年8月，根据学校行政岗位的调整，我担任了德育主任一职。同年，我接手了一个"特殊班"的班主任工作。

一是要面临德育处新工作、新岗位的挑战，二是要当好"特殊班"的班主任。恐惧、担忧、不安、焦虑，都在此时产生。

我至今都认为，德育处（政教处）不是一个训诫学生的科室，德育主任（政教主任）也不是学生又怕又恨的老师。当然，不同时期、不同校情下，德育主任所肩负的职责也是不同的。

8月底，我搬进了德育处办公室。工作如何入手？如何从繁忙的工作中抽身？这是我首先要思考的问题。

之前，也有遇到过班主任反馈班主任考核制度的问题，反映学生违纪的现象，反映学校德育管理漏洞等问题。这些就成了我"新官上任"首先要解决的问题。

这一年，是我制定、修改学校德育线各项制度的一年。

这一年，是我的办公室灯最晚熄灭的一年。

我将之前已有的制度逐条进行修改。没有的制度，我参考其他学校，"另起炉灶"。

经过一年的努力，德育线的各项制度慢慢形成，也开始实施。最终，在学生层面形成了一本《学生手册》，包含了一日常规、违纪处分办法、毕业生管理办法、住校生管理办法，等等。自此，班主任处理违纪学生就有了明确的依据，学生也明确了什么事不能做。《学生手册》也成了每年新生必须学习的内容。

所有制度中，最难制定的就是班主任考核制度，它关系到班主任的切身利益。

原有的分层量化制度，挫伤了班主任的积极性，也引发了一些"矛盾"。改革，迫在眉睫。

此时，朱炎君校长给了一个建议，采用"达标制"的办法，初衷就是让绝大部分班主任都能够考核优秀，甚至全部优秀。只要班主任勤恳工作，在自己的岗位上取得一定的成绩，"人人皆可优秀"。此外，根据朱校长的指导意见，还缩小了班主任之间的奖金差距。

达标制的班主任考核办法，一经推出就激发了班主任的活力和积极性，他们不必再与其他班主任进行对比，只要做好自己的本职工作就好。

这个办法，包括了值周班检查、学生寝室管理、违纪学生处分、安全管理、学生校级集体活动等德育线考核项目，也包括了班级教务管理、整体成绩等教学线考核项目，还有班级财产管理等后勤线考核项目。形成全科室考核、全过程考核，用"数据"证明，让"数据"说话。

同时，我还制定了"星级班集体""星级寝室"等考核办法，以作为班主任考核的加分项，以及县级先进班集体评选的主要依据。

至今，我还经常跟学生讲一句话，"处分你的不是我，是学校的制度，你必须为自己的违纪行为承担责任"。

回想起来，无论是长达六年的德育工作，还是后来两年的教学工作，我始终坚持着制度先行的原则。当然，我也深知，制度不是唯一的管理措施。

19. 追竹一班

追竹一班，是我第一次中途接班的班级，也是第一次从初二开始接班的班级，它原本不叫"追竹一班"。

2012 年 6 月，"蜗牛家族"毕业了，我的班主任工作也随之"暂停"了一年。这一年，我虽然没有当班主任，但还是担任着学校团委书记一职。而"追竹一班"，那时应该叫 101 班，也于 2012 年 9 月开班。

这个班级的学生是全校出名的，大部分任课老师管不住、被气糊涂。班上的学生违纪现象屡见不鲜，也成了一个"特殊班"。

我至今仍然记得，有一位大学刚毕业的代课老师因为在这个班级的从教经历，而放弃了当老师的想法。

一年后，学校果断做出调整，更换班主任。而我则成为候选人之一。

当选 201 班班主任后，我做的第一件事，就是痛批了全班学生一顿，"你们就是全校乃至全县最差的班级"。

"你们想让人家看不起吗？""你们想不想改变自己？"……

一个个的问题，引发了学生的沉思。

随后，我就开始着手班级文化建设，"追竹一班"也应运而生。"追竹一班"，顾名思义就是要学习竹子的精神。

我给这个班定了两年发展规划，即稳、变、进，希望他们在两年内能够做到班风稳定、学风改变、整体进步。"追竹精神、追逐梦想"是我们班的口号，《真心英雄》是我们班的班歌，小组合作量化考核是我们班的改进措施……

还记得有一天晚自习，我在教室布置环境，张贴各类文化墙贴。其他班的学生从我们班路过，纷纷发出羡慕之声——他们班教室真好看。

我相信，小小的改变也会散发大大的能量。

但是，事与愿违，一切并不如我想象中那么顺利。班上违纪现象依然存在，虽然有改善，却是"看人下菜"。我每次外出学习，最怕的就是接到任课老师的电话。

与学生斗智斗勇一年后，这个班级的规模也逐渐缩小了。原本厌学的，彻底辍学；省外学生，陆续回原籍了。

而这一年，我也在这个班级试行了"学生处分"管理、志愿者行动、班级文化建设……为我之后的德育工作搞了"试点"。

其实，追竹一班还是有很多让我记忆深刻的人和事的。

班上的女生特别有能力，成了管理男生的能手。班上有些男生，特别讲义气。有些学生也有特殊的家庭背景，他们的成长经历也有令人同情之处。有些学生特别有才气，有会街舞的，有绘画能力强的，有作文能力优秀的……

是啊，尽管他们在青春期时，曾叛逆过，曾离家出走过，曾与父母争吵过！但，谁又不曾是莽撞的少年。

如今偶尔看到他们的微信朋友圈，我欣喜地发现他们的生活是那样有滋有味。

20. "接班侠"

接班当班主任，是每个老师都最不愿意做的事。

老师们往往会把接班比喻成"当后妈"，"后妈"确实很难当。要么做得比前班主任更优秀，顺利地让学生"喜新厌旧"；要么被前班主任比下去，遭到学生的"排挤"。

其实，只要对学生用心、用情，"后妈"很快就会成为"亲妈"，尤其是接初三班级的班主任。

这十多年的工作经历，也让我发现了，好像接初三班级的班主任在学生心目中印象更为深刻，感情也更为深厚。也许，这是因为，我们陪伴了学生最后奋战中考的一年一起经历过"战场"，经历过"分别"。

2015 年 6 月，"追竹一班"终于毕业了。带着"不舍"，也带着"窃喜"，我开始了愉快的暑假生活。

谁曾想到，8 月底，我又接到校长的任务，要接班 302 班，他们的班主任调离了。

而这个班就是"逐梦二班"。原班主任在这个班的班级文化建设上花了很多心思，动了很多脑筋，学生们已然习惯了。整体良好的班风，给我省去了很多管理上的麻烦。

关于"逐梦二班"，只一年的相处，留下的回忆确实不多。

还记得班上的两位学霸女生——毛佳怡和郑早瑄。中考后我还认了她们两个做我的妹妹。这两位女生的学习专注度之高、目标明确性之强，至今都是少见的。早瑄，有较为清晰的人生规划，力争将来当一名出色的老师，也很有才气，会古筝、会舞蹈、会朗诵。佳怡，文静、懂事，却至今都不想当老师。

"逐梦二班"朗诵比赛活动照片，拍摄于 2016 年 6 月 1 日

2016 年 6 月，"逐梦二班"毕业后，我终于又"暂停"了班主任工作。但之后一年，也是我最无聊的一年。有时候经过老师们的办公室，我也会感叹"自从不当班主任后，感觉很失落，有时候站在学校门口，家长都不再主动跟我打招呼"。

而那一年，我已经是学校的副校长，但是幸福感却没有当班主任时来得强烈。

终于，这"落寞"的一年过去了。2017 年 9 月，又是因为教师的调离，我接班了"远航三班"。

"远航三班"，在某个程度上说是不完整的，但有时又是完整的只有在班级集体活动时。又是短暂的一年，但也有很多值得回忆的画面。

林玉宁的勤奋与调皮；王英姿的童真与迷糊；池一帆的"迟钝"和迷糊……

关于"远航三班"，我印象最深的还是那年的运动会开幕式。

那是学校第一次为运动会安排开幕式——"一分钟表演"，而只经过一天的排练，我们就给全校师生上演了一出"群魔乱舞"。我给他们每人配了一件当时很流行的海魂衫，还有水手帽。我原本的意思是：我们既是远航三班，当然要化身水手，去乘风破浪。

随着"远航三班"的毕业，我的班主任工作又"暂停"了一年。

2019 年 9 月，我接了在定塘中学的最后一任班主任工作，而这个班是没有特殊班名的。

对我来说，接班，是一种习惯，也是一种常态！

也很感谢和庆幸有这段经历，才让我几乎每年都有"自己的学生"。

21. "夜宵文化"

定山街不大，但很热闹。农历的每月初二、初五、初八是赶集日，但我们老师很少去赶集，尤其是男老师。

男老师喜欢赶的是另外一个"集"，那就是定山街的夜宵店。当然也只是少数男老师，比较固定的那几个。

我们喜欢称之为"夜宵文化"。

因为，这是一帮有一定文化水平的人在一起吃夜宵，几乎都是在谈"文化"的事。当然，也有可能是因为这条街有好几家夜宵店，似乎已经形成了某一种文化。到深夜，街上还是有吃夜宵的人，足见定山的繁华。

而这个"繁华"，在我们县内都是少见的。

我们的"夜宵文化"不知道是从什么时候开始的。记不清了，好像已经有十多年了。

吃胖了很多老师，却没有把我吃胖。

我们的"夜宵文化"，表面看上去是去喝酒的。当然仔细一看，确实也是在喝酒。人们在繁忙的工作之余，找点乡村生活的乐子，找几个"臭味相投"的搭子。当然，这真的是表面。

很多人不了解，我们为什么一定要去吃夜宵，而且总是去同一家店。如果说得深一点，我们吃的不是夜宵，而是文化；也并不是只有一家店可去，而是出于一种习惯和长情。

三五好友相聚一桌，聊教育、聊课堂，谈学生、谈家长，话现状、话未来。有时，因为有同事获得县级以上奖项，需要庆祝一下；有时，学校大型活动之后，需要犒劳自己一下；有时，镇里篮球赛后，需要补充一下体力；有时，心情郁闷、情绪低落，也需要自我安慰一下……

我们总能找到各种理由，就是为了吃个夜宵。不对，应该是为了这个"文化"。

朱校长曾经说过一句话，"获奖了是高兴的事，当然要请客，一等奖一餐，二等奖两餐，三等奖三餐"。这也激发了我们要努力争取获得一等奖，以避免获得请三餐的机会。

而我，也就是在"三餐、两餐、一餐"的过程中，逐步成长的。

走进夜宵店，宗明老板总是会为我点好第一道菜——花生米，也总会为我们准备好第一箱酒——大梁山，这已经习惯成自然了。

我们见证了宗明老板的几次搬店、几次装修，也尝试了宗明老板的几道新菜。但始终不变的，是延续了十余年的"夜宵文化"。

在夜宵这张餐桌上，我们共同探讨自身发展的规划，我们一起交流学校各项工作的开展，我们一起畅谈心中苦闷、互诉衷肠。

很多灵感来自这张餐桌，很多故事被它记录，很多人在此聚过、散过。

也是在这张餐桌上，有的人成了好友，成了兄弟，成了固定班底。有的人偶尔客串，成了特邀嘉宾。

如今，定山街的夜宵还在继续，而我已经调离。

我不知道，"夜宵文化"是否还在继续。但我希望它仍然能够延续下去。当然，我说的延续，是一种同事情、兄弟义，是我们对教育、对学生的那颗充满热忱的心，以及追求自我发展的那把永不熄灭的火。

22.县农村骨干教师

忘记了是什么时候，我曾给自己制定过一个发展规划。

工作前三年，站稳讲台；第4年到第6年，县内小有名气、参加各类比赛、获得教坛新秀称号、成为一级教师；第7年到第10年，成为县骨干教师；第11年到第14年，成为高级教师；第15年到第18年，成为县市名教师；第19年后，指导青年教师。

从目前的发展来说，应该算是比较顺利，也是在规划之内的。

2016年，县开始了新一轮的名优教师评选活动，但有个前提条件，必须是一级教师。而我是在2015年完成一级职称评选，刚好符合条件，所以我果断报了名。

那年评选县级名优教师是采用录课的形式，用于面试。我至今记得，我是借了荔港学校的微格教室。24小时的备课，算是又一次考验，不过对于已经有参评县、市教坛新秀经历的我来说，这考验已经不再那么可怕了。

但可怕的是，当时不知道什么原因，微格教室的空调坏了。而那时是6月份，天气非常炎热。我一边上课，一边冒汗；学生一边上课，一边扇本子。场面也算是很尴尬。

果然，后来听教研员杨晓芬老师说，评委们都看笑了……

7月份，是笔试的时间。有了过去多次的笔试经历和锻炼，对于笔试，我一直都有一定的信心。

完成了笔试、面试，接下来就是焦急而漫长的等待。

10月份，教育局公布名单，我被评为了县农村骨干教师。

那时，我天真地以为，我的专业成长之路可以告一个段落了。可原来，专业成长是无止境的。因为，专业是教师的生命线。

2016 年 11 月底，我接到杨晓芬老师的电话。

"12 月 9 日，你上一节课哦！"

"啊？什么课？"

"在石浦中学的一次活动，市教坛新秀、县骨干教师展示课。"

名头很响，但当时我内心是拒绝的。独白是："好不容易评上骨干，不是可以带徒了吗？怎么还让我上课！"

原来，上课也是无止境的。因为，课堂才是教师真正的舞台。

当然我肯定是不会拒绝，也不敢拒绝的。其实我知道杨老师又在给我"铺路"，因为我下一个目标是评高级教师，而这又是一次经验的积累。

12 月 9 日那天，我进行了课堂展示。我依然记得，那节课是《守护生命》，也是第一次尝试上新教材的内容。

上完课，我的内心是激动的。不是因为我又获得了一张县级公开课的证书，而是下课后，有好几个学生对我说："老师，您留下来教我们吧。""你下次一定要再来上课。"

我想，这才是教师真正的幸福吧。

作者在象山县石浦中学上课的照片，拍摄于 2016 年 12 月 9 日

23. 特级带徒之旅：两件事，一辈子

时间，总是那样的不等人，总是那样的悄无声息，转眼间宁波市第十一届特级带徒活动（2018—2021年）已落下帷幕。纵有不舍，也不得不说一声再见。但这并不意味着师徒间就此分道扬镳，我想这更是一次新的起航，是徒弟们成长的新起点。三年，收获了亲情、友情，收获了专业的指导、精神的洗礼。三年，为我积累了一生用不完的财富。我一直觉得自己是一个幸运儿，在我身边一直有一群贵人。正是因为有这样一批良师益友，我才成长得更快、更好、更顺利。如今，我已"毕业"，回首那三年，有许多的相逢让我记忆犹新，有许多的相聚让我感动万千，而下面这两件事，我想是我一辈子都不可能忘记，不可能从我的记忆中抹去的。

一次"不简单"的考试

依然记得2018年的9月，那是我第一次参加宁波市特级带徒考试。在这之前，我已与师父杨翠玉老师有过多次的接触。一次是市命题展示、一次是市初中思品高级研修班、一次是市教坛新秀比赛……每一次与师父的接触，都让我深刻地感受到这"不仅是一种教学，更是一种生活"。

那天，我踏上了前往特级考试的"征程"。虽然，对笔试我已有些信心，但我还是被当时"人多势众"的场面吓住了。考试中，我奋笔疾书，但在没有用心准备的情况下，显然无法做到胸有成竹。本想吃完午饭就回象山，但又抱着好奇之心，提醒自己再等等。意外真的等来了，看到进入面试名单中有自己的名字，我又惊又喜。进入面试环节，在经历了焦急地等待和

内心的不知所措后，我进入了教室。我接到的任务是 10 分钟备课、5 分钟说课，这任务简直比蜀道还难。准备完毕，第一次与师父面对面，如今已不记得当时讲了些什么，但却记得与师父的对话。

师父：蒋健，你知道男人的第二张脸是什么吗？

我：杨老师，这是个哲学问题吗？

师父：是字！你的笔试成绩不是很好，字也很丑，很潦草！

我：……（该说什么？这是我一辈子最大的痛，此刻泪水已经湿润双眼）

师父：你愿意练字吗？

我：我愿意！

师父：那我就收你做徒弟吧！

在这次"不简单"的考试中，我从来没有过的惶恐、从来没有过的不安、从来没有过的紧张，在那时全都暴露了出来。师父接纳了我、包容了我、鼓励了我，这是我莫大的幸运。自此，我成了师父的"关门弟子"。而"练字"也成了我和师父之间不可回避的话题，也是我至今仍不敢正视的话题。

一次"不平凡"的展示

2019 年 10 月我登上了浙江省三江名师课堂展示的舞台，这是师父给我的一次弥足珍贵的机会。因为提前知道了课题，所以整个暑假我都沉浸于备课中，思考该如何上好这堂课，把握好这次弥足珍贵的机会。有幸得到教研员杨晓芬老师和师姐郑乐安老师、陈家晶老师的指导，我的教学设计由初稿到修改稿再到定稿逐渐完善。在基本定稿后，我"满意"地将教学设计和课件发给了师父，希望得到师父的深度指导。师父的指导，让我看到了她的专业、细心，看到了她对我的殷切希望，也使我的设计更加完善。

10 月 9 日，我终于站上了三江名师的舞台，为来自全省各地的老师展示了一堂课。走上舞台的那一刻，从未见过如此大场面，从未上过如此大舞台的我，真的慌了。紧张的我，站在台上左右徘徊；紧张的我，一直在想第一句话该说什么。师父显然看到了我的紧张，在一旁叫我，但紧张中的我丝毫没有听到。幸得主持人的提醒，我才恍然大悟。师父说："不用紧张的,这是展示,不是比赛。你可以的,展现自己就行,加油。"师父鼓励的话温暖了我的心,释放了我的压力。

40分钟结束了,虽然仍有些紧张,但是沉浸于课堂中的我,是享受课堂的,是享受与学生的对话的,是享受我的教学设计的。课后,师父把我叫到身边,耐心地对我的课堂进行了深入的评析。这是一次充满爱徒之心的指导、充满惜徒之心的点评,既肯定了我好的表现,又提出了更好的建议。

这次"不平凡"的展示,是我唯一一次也可能是最后一次在这么大的舞台上的展示。师父的谆谆教诲、暖暖鼓励,仍然历历在目,仍然温暖着我的心,我想这就是"家人"的力量、"亲情"的力量。

三年的特级带徒活动已结束,我与师父的"邂逅"也成了我教育生涯中最难忘的事。师父,不仅是我专业成长的引路人,也是我生活、工作的榜样。师父的专业水平,是如此的高深;师父的生活,是如此的优雅;师父对徒弟的情感,又是如此真挚。与师父在一起,总会有很多让我受益一生的收获,总会有很多值得一生回味的故事。我想为这次特级带徒画上一串省略号,因为我和师父的情谊,未完待续……

"小五班"和师父杨翠玉老师在一起

24. 德育处，是一个怎样的科室

德育处，是一个怎样的科室？

对老师来说，是处理违纪学生的科室；对学生来说，是处理他们的地方，是他们不愿去、也不想去的地方。

但在很多发达城市、很多先进的学校，德育处已经转变为学生发展中心。顾名思义，是发展学生的科室。

刚接手德育主任一职时，我也时常在想，该以何种角色来承担这个重要的岗位？是"凶神恶煞""人见人怕"，还是为学生发展搭建平台、创造机会？

当然，不同时期的学校，其德育主任承担的职责和使命也是不同的。而在做德育主任的那几年，我也完成了从"管理学生"到"发展学生"的转变。

刚开始的那一两年，我主要的精力就是制定、完善关于学生管理的各项制度，并汇编成册，使学校的德育工作"有法可依""有规可循"。而这些制度，也并不是摆设，我们通过在新生入学时"学法"、在大会小会中"讲法"、在处理违纪时"用法"等把制度逐步落实到位，这也为后续"发展学生"发挥了保障作用。

而那两年，对于我这样一个新手来说，只是忙于"应付"上级有关任务、学校常规工作，忙于抓学生行为规范。对于如何转变德育处的职能，让它成为"发展学生"的部门，我依然没有找到理想的方式。

但我始终认为德育处不该是当时那样的。那应该是怎样的呢？

朱炎君校长提出，德育工作需要主题化、序列化。是的，德育工作繁而杂，只是忙于琐事就能消耗大量精力和时间。

于是，我们开始探索一条适合学校发展、符合学生需求的德育发展之路——以班级文化建设为主线。

从那时起，取班名、做班徽、画班旗……成了每年新生必开展的活动，追梦三班、篮球部落、墨竹一班、致远三班、攀登者四班、远航三班、乐进四班、菁华三班、独立团、全心二班、黑鹰四班、飞YOUNG二班、静荷一班等班名开始流传；《高飞》《奔跑》《青春修炼手册》《追梦赤子心》《夜空中最亮的星》《明天，你好》《年轻的战场》等班歌响彻校园；一面面富有特色、内涵的班旗，在学校飘扬。

再后来，我们开始举办班歌演唱比赛，让每个班唱响属于自己的"主题曲"；在学校每周一升国旗仪式时增加升班旗、奏班歌环节，以此增强学生的自豪感、荣誉感，让班歌成为班级的象征、成为学生成长和发展的坚强动力。

我们又举办了象山县首届班主任节，让学生为班主任准备"小惊喜"。

随着学校的发展、教师的更换，原有的校园四大节活动也逐渐变得更有特色、更有创意，尤其是每年的元旦文艺汇演，成了全校师生的视听盛宴。

第二届班歌演唱比赛，拍摄于2018年10月17日

经过几年的发展，我们也逐渐开始形成以班级文化建设为主线的德育月主题活动，将各类活动嵌入其中，将各项任务融于活动中。读书节，我

们开展朗诵比赛；运动会开幕式，我们进行一分钟表演；学雷锋月，我们开展爱心义卖、"衣重生"活动；新中国成立 70 周年，我们开展"我想唱首歌给您听"歌咏比赛……

德育处，是一个既严肃又活泼的科室。是既给予学生规矩，又给予学生成长力量的地方。

25.2020 年的"升级"

2020 年是不平凡的一年，因为疫情，一切都变了。

打破了正常的教学秩序，改变了原有的学习模式，也改变了教师的工作状态和工作模式。

但对我来说 2020 年有两个重要的目标，一直没有变。

第一个目标，是在县名优骨干教师荣誉称号基础上的升级，希望自己能够从县农村教师骨干转变为县名师，当然县农村名师也是可以的。

第二个目标，是教师职业生涯中最重要的，也是绝大多数老师"封顶"的目标，那就是从中级职称升级到高级职称。

为了实现这两个目标，我非常明确自己要做什么。

因为疫情，延长了寒假，给了我更多的时间去刷题、阅读和思考，这是一段特别安静的时期。

但也因为疫情，2020 年上半年的学校德育工作增加了一项防疫内容，使原本的德育工作发生了改变，也使原本宁静的生活又多了些忙碌。

2020 年 7 月，是县名优教师笔试的日子，相对于以往几次的笔试，这次的试卷更具综合性，多了些教育理论内容，依然记得有一题考的是德育工作原则。虽然我分管德育工作多年，但说实话，真的从来没有去牢记过那些原则。

自此，我也感受到了多看理论的重要性。很多时候，我们总是想着实践、操作，却忘了背后蕴藏的理论知识、教育理念，忘记了理论指导实践的意义。

本次名优教师面试在 8 月进行，名单公示后，我已经意识到竞争的激烈，因为已经有一部分老师被淘汰了。能够进入面试环节，在某种程度上说明还是有一定竞争力，也说明笔试成绩不是很差。

面试采用的是说课形式。那时，对于说课，我只是个小白。当然，现在也好不到哪里去，这自然也成了我最不自信的技能。

所以，对于本次说课，我只能按照模板、套路去说。

走进候考室，老师们都很认真地在准备着。而我，真的不知道要准备什么。因为，原来准备的模板记在了手机里，而手机已经上交了。

看似淡定的我，内心却是格外紧张。我又想起了一级职称面试时的情况，我多么想第一个上台，心想，第一个说完，第一个走，多潇洒。但事与愿违！

30 分钟的准备时间，能写什么？好像写了很多，又好像没写什么。潦草的字、混乱的稿纸，等于没写。

……

面试结束了！

"套路"说课，让我感受到了自身专业的薄弱，看到了自己的不足。虽然，在 9 月份教育局公布的最终评上县评优教师的名单中有我，我也成功"升级"为县农村名师。但是，这次"升级"，也让我感到了"心虚"。

公布名单那天，我在微信朋友圈写一下了这样一段话：

人生的成长过程中，总有很多人在看着你、盯着你、帮着你……人生的道路上，总有很多分岔路，你总是不知道下一步要面对的是什么，下一个路口在哪里。但正是因为有那些高人、贵人、友人的相助和指引，我们总能找到前进的方向和再出发的动力！

2020 年 10 月 24 日，是高级职称评审笔试的日子。好在此次评审只有笔试，也使我信心相对较足。有了之前的复习、练习，当然还有一定量的相关阅读，我很自信地走进了考场。

我奋笔疾书、苦思冥想，犹如高考时一般专注。

两个半小时的时间，似乎很长，可以让你写很多，只要你有东西写。

两个半小时的时间，似乎很短，写着写着，时间就过去了。

总分 100 分的试卷，公共题是 20 分，每门学科都一样；50 分是学科专业知识，还有 30 分的学科能力。好像没有遇到特别难的，总能写点东西出来。所以，在考试结束前，我就交卷了！

监考老师很诧异地看着我："你交卷了？"

"嗯，是的，写满了。"

"还有半小时呢。"

"啊……算了，还是交了吧。"

这是我第一次参加高级职称评审，居然提前交卷，未免有点太不认真了。

10 月 30 日，结果公布，我顺利评上了高级职称，而这一年是我工作的第 12 年。至此，我完成了第二个目标——"升级"，正式成为高级教师。

同样，我也在朋友圈发了一条动态：

人生就像爬山，走过一层又一层。或到高山顶，既有"一览众山小"，也有"高处不胜寒"。我们更需要下山走一走，让自己积累更多！人的成长，需要高人指点、贵人相助、友人相伴、小人监督、爱人支持、个人奋斗……

是的，每一次的"升级"仿佛都在我的个人发展规划中。但其实，我们更应该要看到"升级"背后的力量和温暖、努力和付出。

后来，很多人在参评县名优教师和职称时，总会问我需要准备什么，朝哪些方向去努力。

我总说，没有刻意的准备，只有自然的积累！

2020 年 8 月，县教育系统中坚班读书交流活动

26. 非凡三侠

这里的"非凡三侠"是指定塘中学的三位老师，即我、李彬彬、钱志杰。三位平凡的老师，三位有共同教育情怀、有共同理想目标的老师，三位都是土生土长的宁波市教坛新秀。当然，我们也有共同的爱好——吃夜宵。称之为"侠"，确有不妥，也难当大任。

李彬彬来自绍兴上虞，一个来自他乡的"游子"。大学毕业就来到了象山定塘，成为一位体育老师。当然，他最出名的还是篮球技术，不仅是定塘的"球星"，据说也是象山的"球星"。我们做同事9年，他也算是学校的"救火队员"，经常干中途接班主任的活；他也算是学校的"小黄牛"，任劳任怨。

钱志杰，一位在定塘代课一年，第二年入编后又分到定塘象山中学的毕业生。工作之初，就开始从事教务工作，一直到现在。仔细、认真、高效，工作无可挑剔。我们做同事9年，他也算是学校的"接班侠"，经常接任初三数学教学工作，也接了两届班主任；他自然也算是学校的"小黄牛"，工作量大，事务杂。

还记得有一年，那应该是2019年9月，初三的四个班主任，我们"非凡三侠"占了三个，副校长、教务主任、德育主任共同挑起了"大任"。我们对学生的情意是可感知的，对学生的爱也是看得见的。当然，这两位做得比我更优秀。无论我们吃夜宵有多晚，第二天，他们俩总是早早地在教室守着学生。他们也享受做班主任，经常会与学生一起做一些值得回忆的活动。当然，李彬彬作为体育老师更"狠"，早自习前是学生体育锻炼的时间。

记得临近中考的时候，三个班的学生分别给我们三位班主任过了一次生日。

还记得彬彬的"篮球部落"，唱着参差不齐的班歌；记得小钱的"菁华三班"，唱着《年轻的战场》。记得2020届301班，这班学生的《夜空中最亮的星》也算是成名之曲，舞龙技术也算一流。还有很多美好的记忆，都是属于我们"非凡三侠"的。

"非凡三侠"参加学校2018年元旦文艺汇演
拍摄于2018年12月29日

"非凡三侠"还有最大的爱好就是吃夜宵，如果说我们每周在学校住五个晚上，那至少有三到四个晚上是在一起吃夜宵的。每周日，我们总是"迫不及待"想回学校，理由也是很统一，"不想带孩子"，当然，这只是一句玩笑话。偶尔夜宵时聊起，"孩子逐渐长大，我们陪他们的机会和时间真少"，有时候工作的繁杂、路途的遥远，也使家庭和工作很难兼顾。关于"夜宵文化"，我已经提及，我想更多的还是聊"文化"，聊聊我们的学生，聊聊我们对教育的理解、个人发展的规划。

"非凡三侠"是定塘中学土生土长的市教坛新秀，我们都渴望专业成长，都坚定着自己的"追求"。以前，定塘中学有个不成文的规矩，获奖必请客，从三等奖的三餐，到一等奖的一餐。以前，我们都有一个决心，没有获一等奖的比赛，我们将继续努力。

人，需要伙伴，即一伙相伴成长的人。伙伴之间，需要相互鼓励，相互帮助。孤军奋战的日子是孤独的、是寂寞的，当然也是无趣的。

一所学校也一样，需要一群有共同目标、共同愿景的人。

如今，"非凡三侠"虽不能再成团，不能再并肩作战，但我想我们对教育的那份情怀，对事业的那份挚爱，对学生的那份情意，是永远不会消失的。

27. 分管教学的那两年

2020 年 8 月，因学校行政岗位的调整，我开始分管学校的教学工作。虽对从事了十年的德育工作有万千不舍，但能从中"脱离"，也算是一种"小幸运"。

一般而言，教学工作主要就是有关任课教师、各项考务、作息时间、课程表、教研组建设等常规工作，并没有德育活动那般丰富、那般繁杂。

而"不安分"的我，把"加强教师队伍建设，促进教师业务提升"作为了我工作计划中的第一项任务。我深知，教师的专业水平、成长状况关系着学校教育质量的提升，是实现学校可持续发展的重要保障和活力源泉。

这两年，是我践行这一想法的两年；这两年，注定也是"不安分"的两年。

为了能够更好地助力教师成长，我结交了一大批县内名优教师，借助外力、借助人脉，广邀各学科名优教师到学校指导。

那时，学校每个月每个教研组都会组织校本教研活动，新教师亮相课、新教师汇报课、教坛新秀展示课、年轻教师达标课、青年教师成长课等研讨活动相继开展。而每一次活动，我都会将校外名优骨干教师分批"请进来"，与学校教师面对面交流、面对面指导，手把手教新教师如何进行教学设计、把控课堂。

同时，为了让老师们更加方便、直接地参与县级教研活动，我也努力争取，积极邀请县名优带徒活动的组长们把相关活动放到我们学校来。

借名优教师之力，不仅要"请进来"，更要"走出去"。我也借助自己所在的学习平台——宁波市特级带徒活动、宁波市名校长工作室带徒活动等，带着老师走出学校，近距离去接触市内的教学大咖、专家。

说实话，至今我还欠着很多名优教师的人情，多少个"下次请你们吃饭"至今还未兑现。

老师的成长，不仅需要"外力"的支援，也需要学校"内力"的增强。被同事称为"制度哥"的我，自然会从制度入手。

在校长薛成海的支持下，我制定了教研组工作考核办法和细则，把教研组长和教研组捆绑考核，并要求老师们落实教学常规、突出工作成效。而那两年，也是我开始真正重视教师科研能力的时候，尤其是论文写作能力的培养。一句"十年内老师必须写，二十年内老师积极写，三十年内老师鼓励写"，一句"凡是县级及以上各类业务比赛，我们要积极参加"，一句"凡是没拿过一等奖的比赛，我们仍然要参加"，至今我仍然经常讲。也是那两年，我才真正开始意识到要把遇到的问题转化为课题研究，把学校的工作收获变成课题成果。

我始终认为，比赛不只是为了获奖，更重要的是保持一种研究、思考和实践的意识和习惯。

那两年，对许多老师来说，我是个"坏人"。分管德育时，用学生活动"倒逼"班主任工作；分管教学时，用专业比赛"倒逼"老师成长。

说实话，被"逼"着成长的感觉是真的不好，但被"逼"着成长了的感觉也真的是好。

还记得，那一次去教科研中心拿教育教学论文奖状，周雅静老师说了一句让我至今未曾忘记的话，"不得了了，你们学校奖状一大沓，领导都表扬了"！

也许是虚荣心作祟，看着那一叠奖状，看着网上公布的各类业务比赛获奖名单，看着我们的老师成为县、市教坛新秀，成为县名优教师，成为市特级带徒教师……我总觉得做"坏人"也是值得的。

我喜欢在第一时间将老师获奖的喜讯发到学校工作群，第一时间送上美好的祝福，第一时间将老师们的荣誉、收获分享在微信朋友圈，让更多人知道我们乡村教师一直在努力、一路在成长。

是的，他们在成长，而我却调离了！

28. 不曾想过，会以这种方式离开定塘

我曾想过，若干年后，会以何种方式离开定塘。一般而言就是正常的调动交流。但从未想过，会在这一年（2022年），会以这种方式离开。

2022年3月，宁波市第八批中小学学科骨干教师评选通知发布。在完成县农村骨干、县农村名师的"升级"后，市骨干自然是下一个目标。仔细阅读评选文件，一个道德与法治特设岗位吸引了我。

我这几年也算做了一些公开课、讲座，也算积累了一些学科荣誉、综合性荣誉，也算在《中学政治教学参考》和其他省级期刊上发表了一些文章，这样也算有"资本"去参评了。当然，在师父、师姐们的指导、帮助下，我对自己的专业教学有了新的认识、新的思考。

相对而言，特设岗位比一般岗位评选要求可能低点。并且获评后，必须在特设岗位所在的学校服务六年，才能一直保留这个荣誉称号。权衡利弊，征询前辈意见后，我还是选择了报名。

在通过县里几次模拟、选拔后，我终于获得了参评名额。

2022年5月22日，是市骨干正式评选的时间，少不了笔试，更少不了面试。

这次笔试，是我自中级职称评审、高级职称评审以来感觉最难的一次，两个小时的时间，我一直在思考、一直在写，一直到最后一刻。果然，市骨干并不是那么容易评的。

好在我常年教初三，又有阅读和写作的习惯，对于笔试，我还是有点信心的。

下午的面试是说课，至今这仍然是我的弱项。

半小时准备，要说出水平、说出理念、说出特色，实在是"难"。后来，还听说有人在准备面试时晕倒在考场外，想想这是有多紧张啊。

而我却好像是那个最淡定的我，也自认为是历次说课最淡定的一次。不慌不忙、从容不迫，当然，自我感觉说得一般。

可我却评上了。而我，也真的要离开定塘了。

定塘，是我教育事业的起点，是我教育事业的成长点，也是我教育事业的发展点。

定塘，见证了我十四年最美好的青春，见证了我从稚嫩走向成熟。

定塘，有看着我成长的同事，有助力我发展的领导，有我看着成长起来的老师，有"夜宵文化"的搭子，有短程相伴、调离调进的同事，当然还有那些朋友、兄弟。

定塘，有太多太多我们一起创造、奋斗的故事……

走，始终要走，也必须要走，纵有万千不舍。

8月中旬，我收拾完所有我的个人东西，留下了属于学校的工作资料，留下了离别的泪水，向学校和老师们正式告别。

为了记录这一刻，我在微信朋友圈发了这样一段文字：

十四年青春弹指间，今要分别难言再见。

多少故事仍在眼前，多少学生不曾忘却。

在此成长在此蜕变，在此奋斗在此展现。

感恩领导一直提携，感谢同事默默奉献。

我于2008年8月与定塘中学相遇，是一种幸运，是一种幸福！我不曾忘记那些鼓励我、帮助我、指导我、鞭策我、引领我的领导和同事们，不曾忘记我的蜗牛家族、追竹一班、逐梦二班、远航三班，当然也不曾忘记我教过的那些学生。是你们给了我成长的力量，是你们给了我努力的方向，你们是照亮我、指引我的一束光。让那十四年的故事化成记忆，深藏心底；让那十四年的感动化成回忆，时常怀念！讲不出再见终将再见，别了我深爱的定塘中学，别了我亲爱的同事们，别了我可爱的学生们！

至此，在定塘中学十四年的工作正式结束了，而我也即将开启下一个"旅程"，从一个乡村学校到了另一个乡村学校——泗洲头中学。

作者主持"我的班集体"主题演讲比赛，拍摄于 2019 年 5 月 29 日

29.遇见泗洲头：从一个乡村学校到另一个乡村学校

对于泗洲头，我并不陌生。儿时每年暑假都会在此住上一段时间，这里有我太多的亲人。两个姨妈家轮流住、轮流耍，跟着表哥表姐玩。每到过年时，泗洲头街上的游戏厅就是我必去的地方，把压岁钱花完才肯罢休。当然，工作之后，泗洲头也是我每年走亲必到之处。

如今，时过境迁，我又多了一层身份，成了泗洲头中学的一位老师。

根据县教育局党委的安排，我还担任学校的党支部副书记一职，多了一份职责、多了一份使命。

泗洲头中学不大，占地面积约22亩；班额数不多，只有5个班；学生人数不多，只有150余人；教师人数也不多，只有21人。真可谓是全县规模最小的初中学校。

据百度百科信息，泗洲头中学创建于1960年8月，原名为"新兴初中"，1962年被撤并分别并入儒下洋中学和东溪中学，于1968年9月重新组建，正式命名为"泗洲头中学"。1997年，为了发展需要，原灵南中学与泗洲头中学合并，被命名为"泗洲头镇初级中学"。

我对新学校的第一印象，就是小而精，布局简单。除了一幢新建的教师宿舍楼外，并无新楼。建于20世纪90年代的教学楼是学校最重要也是最主要的校舍。

我来到新学校，能做什么？该怎么做？

校长衡建华告诉我除了党建工作以外，我还要负责学校德育、安全和引领学校教师专业发展等工作。

虽然在定塘中学，我曾担任党支部宣传委员，但要直接负责这一块工作，对我来说还是有压力的，也是有挑战的。

虽然我有十年德育、安全工作经历，但对于新学校、新校情，还是需要一段时间去适应和磨合的。

虽然我有两年的分管教学经历，虽然这两年一直在致力于教师的专业发展工作，但对于新同事，还是很陌生的。

我能给新学校带来什么？也是我一直在思考的问题。

后来我想，不应该是"我给新学校带来什么"，而应该是"新学校会带给我什么"。

不同的学校，不同的校情，不同的老师，不同的学生。有些工作显然是不能"照旧"的。

但我想，无论哪所学校，教育是相通的，教育的本质和目的是一致的。有些曾经做过的工作、正在做的工作，又或是想做的工作，只要是站位学校、教师、学生立场的，也是可以借鉴的，也是可以延续的。

8月底，为期三天的暑期政治学习结束了。还没来得及认全所有的老师，还没有来得及与新同事打招呼，我在新学校的工作就正式开启了。

为迎接新学期的开始，我们开始行动了。

党支部的第一项工作就是开展"党员走在前、清洁迎开学"主题党日活动。在校长室、党支部的号召下，全校老师在8月31日那天开始了净化校园行动。在行动中，我看到了年轻教师的活力，看到了老教师的卖力。

泗洲头中学的老师年龄结构也是非常的有趣，没有四十到五十岁之间的老师。

"开学第一天，我们搞个有仪式感的活动吧。"我在行政会议上提出了这一想法，得到了全体行政人员的支持，他们也提出了一些非常好的建议，在校长的肯定下，很快就形成了方案。随即，两位行政人员联系了广告公司、采购了相关物品、商讨了活动现场布置……

执行力之强、落实度之高，着实让我惊叹！

在全校老师的配合、支持下，9月1日上午，泗洲头中学"让梦想启航、为青春扬帆"主题开学迎新活动顺利举行，有的老师负责拍照，有的老师负责录视频，有的老师负责组织学生入场……整个活动现场吸引了学生、吸引了家长，受到了高度肯定。

走红毯、签大名、贴心愿、打卡拍照……泗洲头中学这场仪式感满满的开学迎新活动也登了"象山发布"微信公众号。

一场活动，拉开了新学期的序幕；一场活动，见证了老师们的凝聚力。

一场活动，让我正式与泗洲头中学相遇，与学生相遇。

从一个农村学校到另一个农村学校，我的"乡育"生活仍在继续。

30. 乡村的校园生活，仿佛应该是这样的

泗洲头，地处象山县中部偏西，东连茅洋乡、濒蟹钳港、毗邻新桥镇，西接宁海县长街镇、胡陈乡，北与西周镇接壤，地域狭长。这也影响了当地学生的学习和生活。

因为部分学生的家与学校相距甚远，所以学校也成了全县唯一一所需要用"专车"接送学生（镇域南部地区）上下学的初中（周一上学和周五放学），也成了全县住校生占比最高的农村初中（近60%的住校生）。

每周一早晨，约莫天刚亮，住校的学生就要从家中早起，忙完洗漱、吃好早饭，乘坐约6点半出发的"专车"，前往学校。约三四十分钟的车程，他们略有睡意，又略有期盼，在摇摇晃晃中开启新的一周。

这让我想起了我读初中时，每周一也会早早地骑着自行车，穿过乡村马路，一路向学校进发，那时我们还有很多"骑手"相伴，别提路上有多开心、多兴奋了。

我们的老师，大多住在城区，到学校约15公里，开车也需要半小时左右。当然，还有一些家在宁波的老师。有的为了赶上早自习，有的为了履行班主任的职责，他们很多都会在周日下午就返校。这一点，与我在定塘中学时一样。乡村老师，真的挺不容易的。

每周二至周五的清晨，伴随着6点半"起床号"的铃声响起，这里的住校生都会准时在操场集合，开始晨跑。而我们的值周老师也会在"起床号"响起之前赶到操场，整队、教育、巡查卫生等。

四圈的晨跑，是一直以来的传统，不仅是为了锻炼身体，也是为了让

学生在运动中逐渐清醒、激活大脑，开启美好的一天。晨跑后，住校生会回到寝室继续整理内务，打扫卫生，然后有序到地食堂享受早餐。而此时，没有住校的学生就会陆续进入学校、教室，开启了晨读。

大课间活动是老师与学生一起锻炼的时光，体育老师有序组织体育活动，其他老师们分散在各处进行适度锻炼，有散步的、有跳绳的、有打羽毛球的……而大课间欢快的音乐也融入每一项活动之中。

所以，我每次都不好意思影响学生的大课间，不敢利用大课间时间对学生进行集中教育。因为，我觉得这半小时对学生来说是非常重要的，也是非常快乐的。

每天的午饭和晚饭后，总会有学生在校园劳动教育基地挥舞锄头，出出汗、耕耕地，看看种下去的土豆、青菜、玉米长势如何；总会有学生在篮球场投投篮，打打趣味对抗；总会有学生聚在教室外，聊聊天、说说笑……这样的场景是美好的，当然还有校园广播室的音乐相伴。

三节晚自习，学生自我整理、老师认真备课。教室里偶尔有吵闹声、偶尔有发呆的人，办公室里时有问题探讨、时有个别辅导，这不就是师生学习和生活的常态吗？

课间有学生的笑声、叫声、喊声，也有学生的走动、跑动、晃动，这不就是课间该有样子吗？

就寝前，学生有的洗头，有的洗澡，有的洗衣服……他们说着、笑着、吃着，完全没有急于就寝的样子。

熄灯后，学生偶尔也会在寝室里与室友闲聊几句，聊得开心了，也会笑出声。随之而来的是值周老师的"批评声""催促睡觉声"。

对，这就是学生的自然状态。

对，乡村校园的生活，应该有其独特的味道，这或许就是教育应有的味道。

作者参加学校建队仪式，拍摄于 2022 年 10 月 11 日

遇见美好——我的教育主见

什么是教育？教育的本质是什么？教育的目标是什么？做怎样的老师？怎样做老师？……回望前十五年，我似乎有了一些思考、一些想法，甚至可以说是一些有关教育的主见。

1. 新时代"大先生"的教育温度

近日，似乎有一些问题困扰着我。想到当下的初三学生，初三学生背后的家庭，初三学生眼前的表现；想到当下的老师，他们有些迷茫、有些无措。说真的，教育一直都是一个复杂的问题，不是三言两语就能说清；教育一直都是一个浩大的工程，不是三下五除二就能立竿见影。

在教育的路上，尤其是乡村教育的路上，我们走得很难。也许，我们能做很多，但收获很少；也许，我们能做的不多，但又不愿安于现状。但作为老师，还是要思考"今天，我们该做怎样的老师"这个问题。这让我想起了 2022 年 7 月我发表于《中学政治教学参考》卷首语藏栏目的一篇文章——《新时代"大先生"的教育温度》。文章写于 2022 年 4 月，当时也只是为了参加县里组织的"读书报告"征文比赛。

北宋思想家张载有一句名言："为天地立心，为生民立命，为往圣继绝学，为万世太平。"作为教师，理应有此理想和抱负。而此理想和抱负，正是成尚荣先生在《做中国立德树人好教师》一书中所说的"教师需要的种子"——道德价值的种子、知识价值的种子、专业价值的种子。种子的成长不仅需要土壤，还需要阳光，即温度。要成为"四有"好教师、学生发展的"四个引路人"和新时代的"大先生"，教育温度不可或缺。

教育温度，应有教育之爱

教育温度最核心、最根本的就是师爱。正如顾明远、于漪、斯霞、于永正等教育家对学生之爱、对课堂之爱，是如此纯粹、如此清澈，如此感人、如此温暖。又如，朱永新先生对新教育之爱，在追求"让学生过幸福完整的生活"道路上不断探索、实践、前行，引领学校、教师发展。再如，陶西平先生"实现教育过程的整体优化"之教育大爱，为教育公平而呕心沥血。

教育之爱，体现在对学生最朴素、最真挚的爱，体现在对本职工作的热爱，体现在对任教学科的挚爱。这种爱，不夹杂任何私心、私欲、私利；这种爱，春风化雨、润物无声；这种爱，是站位立德树人的根本任务，是教书育人的历史使命。于漪说：要从思想上、感情上尊重学生的人格，尊重学生的个性这就是教育之爱。教师只有心中有学生、心中有爱，才知道如何立德树人、如何教书育人。爱是呵护、是守候，体现在课堂细节、体现在无私奉献、体现在一言一行、体现在价值引领，是呵护种子发芽成长的基础，是守护种子开花结果的关键因素。

教育温度，应有教育之情

保持教育温度，要有对教育的感情、热情、激情，这是教师的教育情怀。"一辈子做老师，一辈子学做老师"是于漪老师的教育情怀。每个教师应有自己的核心价值，并能体现在价值追求、价值引领上，而这种核心价值就是立德树人。

有教育之情的教师，必然视教师工作为事业。有人曾说，职业与事业之最大区别在于——职业是今天干了明天还得干，事业是今天干了明天还想干。将教育工作视为事业的教师，一定是充满理想、信念、抱负和志向的。这是教师保持教育温度的前提条件，也决定着每位教师的方向、格局及结局，决定着教师将成为什么样的人，甚至会影响学生成为什么样的人。

教育之情，还体现在教师对自身职业的尊重、对任教学科的尊重、对学生和家长的尊重。一位有教育之情的教师，一定是热爱学校、热爱课堂、热爱学生、热爱生活、热爱生命的。正如李吉林老师为儿童教育、情境教育而倾注一生心血。

教育温度，应有教育之度

教育之度，在于适度和尺度。教育如农业，需静待花开、润物无声，需要温度但又不能过度。教育需要惩戒，但惩戒需要尺度。在现实中，不少教师打着"以爱之名"的旗号，对学生进行过度教育、过度惩戒，导致学生厌学、师生关系恶化；不少教师"唯分数论"，通过延长学习时间、题海战术、剥夺学生休息时间等方法谋求学生学科成绩提升。这些都是教育过度的表现，是违背教育本质的表现。

把握教育之度，本质在于"树人"，也就是将学生视为成长、发展中的人。人是多元的、有差异的，教师不能用同一标准衡量每个学生的学习程度、发展程度，而应多维度、多角度区别对待、因材施教。

教育温度，应有教育之德

《做中国立德树人好教师》一书中说：好教师之好，好在有道德，好在尚德，好在种德，好在育德，好在立德。如何成为好教师，本质和出发点在于立德，在于为学生播下道德价值的种子、知识价值的种子、专业价值的种子。

俄罗斯教育家乌申斯基说：教师，就是教育的一切。因此，教师要将立德树人作为根本任务，作为崇高使命与义不容辞的责任，做有德之师。教育之德，体现在教师以优秀的道德品质影响学生的成长、成人、成才；教育之德，体现在教师对每一节课的尊重、对每一位学生的尊重；教育之德，体现在日常教学中的每一天、每一刻。

教育是一项伟大的事业，它使每一个投身其中的人都拥有超乎名利的财富——尊严与自豪。而教育之所以伟大，是因为它关系每一个人的成长与发展，关系国家与民族的兴亡。因此，教师理应从更高的站位去思考教育、对待教育。此乃师之大德。

作者参加县社会法治学科中考复习会议，拍摄于 2021 年 4 月

2. 努力成为"三自"教师

百年大计，教育为本；教育大计，教师为本。教师的成长姿态关系学校发展质量，关系学生学习质量，更关系教师自身教育生命质量。教师，要主动探索适合自己的成长姿态。

自知者，明

老子说："自知者明。"何谓明？明，就是聪明、明察。能够了解自己的人是明智的、聪明的，也就是说，人要有正确认识自己的能力。作为教师，要有自知之明，要明确自己的专业能力、发展现状，要明白自己的已知、未知、欲知。只有当教师全面、客观、深刻认识自己时，才知道自己缺少什么、想要什么，也才能更好地为自己规划成长路径。

教师如何做到明？20世纪80年代初美国旧金山大学管理学教授海因茨·韦里克曾提出SWOT分析法，就是综合分析对象的内部优势、劣势，机会、威胁，从四个维度进行全面、系统、准确研究，根据研究结果制订相应计划。教师也可以借助SWOT分析法对自身做出"四维"诊断。

一要知道自己的优势。从自身的专业知识领域、课堂教学能力、教学设计水平、教育研究意识等方面进行全面分析，找到自己的长板，方能扬长避短。二要认识自己的劣势。作为教师，要有直面劣势的勇气，不能因不足而自卑，同时要有弥补劣势的智慧，学会取长补短。三要主动寻求发展机会。机会留给有准备的人，教师应主动争取、积极把握住学科教研员、学科导师、学校领导等提供的多种锻炼机会。四要及时规避消极思想。

每个人都有自己的发展方向和专业特长。我们要奔跑在适合自己的跑道上，保持"自知"姿态，才能跑得轻松、跑得更快更远。

自觉者，行

自觉者，当是觉悟、领悟、顿悟之人。自觉是一种意识态度和行动态度，也就是自己有所认识而主动去做。因此，自觉者当行之。王阳明先生提出知行合一，教师当在知之上落实行，将自知转化为自觉的行动，培育核心素养。

余文森在《核心素养导向的课堂教学》中写道，教师的核心素养包括学科素养和教育素养。学科素养是指教师对学科知识之外或潜藏于学科知识之中的学科文化、学科精神、学科观念、学科思想、学科方法的系统把握和感悟。在新课标背景下，教师不仅要注重培育学生核心素养，也要自觉培育自身的信息素养、创新素养、跨学科素养、媒体素养、社会参与和贡献素养、自我管理素养等。同时，教师应以"自然卷"的姿态破解不由自主地"内卷"。

一是在繁忙的教育教学琐事、杂事中，抽取一点阅读的时间。教师应先读"理念"之书以更新理念、内化于心，再读"策略"之书以付诸实践、外化于行。理念是教育之道，策略是教育之术。理念没有内化，策略就无法外化。二是要有创新意识，走在他人之前，自觉、主动地寻找、创造学习机会，挑战自己、突破自己。三是留一些让自己静下来的时间，进行教育教学反思和教育写作。

日本企业家稻盛和夫把人分为三种类型，即自燃型、点燃型、阻燃型。教师坚决不能做"阻燃型"之人，自己不成长还要阻止他人成长；而应做"点燃型"之人，在他人的帮助、指导和引导下逐步成长；更应该做"自燃型"之人，自觉、主动寻求成长。

自然者，灵

自然是一种状态，是自动、自发地运作和存在的状态。自然者，必是灵动之人、有灵气之人。《道德经》曰："人法地，地法天，天法道，道法自然。"作为教师，要遵循自身成长规律，以达"无为而无不为"之境界。

当我们"自知""自觉"后，久而久之，就会习惯成自然、顺其自然、自然而然。这是最好的状态，亦是最舒服的状态，也是最高境界。此时的我们找到了自身发展规律，从而以"坐看云卷云舒，静听花开花落，任凭潮起潮落"的姿态教书育人。

怀特海在《教育的目的》一书中提到，教育只有一个主题，那就是五彩缤纷的生活。要想过五彩缤纷的生活，教师当有自然之心、自然之行。在复杂的教育生活中，有慎独之处、自省之时；在繁杂的教学任务中，遇事不惊、处事不乱。拥有自由的心灵，方能从容应对一切。

教师若持有自然之态，就能将突如其来的公开课视为常规课，将比赛、荣誉视为"可得"亦可"不得"者，也能将写论文、做课题视为日常工作，而不会"来时慌""去时喜"。自然是一种自由，有自由的学习时间、阅读时间和研究时间，以不变应万变；自然是一种从容，

不慌不忙地完成教学任务，不急不躁地完成其他工作，既不用挑灯加班，也不会影响家庭生活，更不能损害身体健康。

教育是成长，有规律；教学是艺术，急不得。对待任何事都应不喜不悲、不哀不怒，安之若素。

作者在学校的一次上课照片，拍摄于 2019 年 9 月

3. 突然又想当班主任了

前几日，一年一度的高考结束了，许多学生纷纷回到了初中母校看望老师。而对我来说，今年与往年最大的不同，是再也没有学生来看我了！那种落寞、孤寂之感，直冲心头。我想，被曾经教过的学生看望，就是教师的一种幸福感。

我已工作 15 年，其中有 14 年初三教学经历，好像每一年都有我带的毕业生；也有 8 年的班主任经历，有太多难以忘记的人、难以忘却的故事。

记得那年，我没有当班主任，在巡视教学楼时经常跟老师们说："哎，不当班主任，感觉很无聊啊。"此话一出，自然会引来老师们的吐槽，也有不少班主任说："那我们班给你带吧。"

对大部分老师来说，不当班主任是"最大的幸福"；而对我来说，当班主任才是最大的幸福。

我享受当班主任的快乐与痛苦，享受当班主任的付出与回报。有人曾说，老师只有当班主任才真正有自己的学生，也才是职业生涯中最大的幸福。我很认同。

当班主任，可以实现自己的治班理念，我的班级我做主。我要建设一个怎样的班级，要实现怎样的育人目标，要开展怎样的班级活动，都由我来决定。此刻，我想起了当年的"蜗牛家族""追竹一班""逐梦二班""远航三班"……其中，只有"蜗牛家族"是我唯一从初一开始当班主任的，"追竹一班"是我唯一从初二开始接班的，而其他班级则都是从初三开始接班的。无论带班一年、两年还是三年，我都在做我想做的事，我都与学生建立了深厚的感情，至今也还与很多学生保持着联系。

当班主任，可以在与学生的斗智斗勇中"升级"。对于很多老师来说，当班主任是痛苦的，不仅在学校要扮演很多角色，警察、法官、心理咨询师、情感分析师……而且在校外还要扮演老娘舅的角色，有时还要处理家长之间的矛盾。如今的班主任，还要成为表格填写大师，完成各种表格填写任务。但教师的很多能力就是在这样的过程中培养起来的。学生的问题，不能逃避，要直视，要勇于面对。倘若我们遇过特殊的学生，我们解决过棘手的问题，我们就积累了教育资源、教育方法，慢慢地也就没有什么学生、什么难题能够难倒我们了。

当班主任，可以与学生分享喜怒哀乐。看着学生在运动会上竞技、在舞台上亮相、在活动中成长……看着他们成功、看着他们失败，看着他们挑战自我、看着他们超越他人，那种感同身受的体验，也是教育生涯中的美好记忆。

当班主任，可以看着学生一路成长。偶尔看到已毕业学生的微信朋友圈，他们有在普通高中奋战的、有在职业学校学习的，有在大学深造的，有在工作中有所成就的，有的已经成为人妻、人夫，有的已经做了爸爸、妈妈。每次看到这些，我不禁回想起他们的初中生活，不禁为他们点赞。当然，更多的是感慨，感慨时间过得真快，感慨我似乎与他们在一起成长，感慨我似乎已经老了。

……

我们可能有一千、一万个理由不想当班主任，但我只有一个理由想当班主任，那就是班主任角色的独一无二、无可代替。

此刻，我又想当班主任了，更想当乡村学校的班主任。

4. 守护乡村教育的"微光"

今天，是学校考核的日子。

在汇报的最后，我用了一句话总结："乡村小规模学校生存不易、发展不易，乡村学生生活不易、成长不易，让我们用教育温度、教育情怀，点亮并守护乡村教育的微光……"

来到泗洲头中学一年了，正在见证一所学校逐渐变成"一个年级"，甚至还没有大部分初中学校的年级组班额数多。

乡村学校的"缩班""撤并"，也是当前一个难以逆转的形势。这自然与城市化的进程有关，与出生率下降有关。而乡村学校，也就"自然而然"地成了教育的"微光"。

乡村孩子整体上都很纯朴，他们少了痞气、少了戾气，多了份天真、多了份可爱。当然，教育界有句通用语——"如果不看学生成绩，他们都很可爱"。

乡村孩子整体上知识面窄、视野狭隘、阅读量少，他们习惯于被"灌输"，被"说教"，鲜有能自我教育、自我管理、自我发展的学生。

乡村孩子有较大部分是隔代抚养的，又或是家庭结构复杂的、特殊的。而超过一半的留守儿童，也成了教育的一大难题。他们从小缺乏父母的陪伴、关爱，更不用谈家庭教育。

有一天，一位学生来到我办公室，我与他进行了一次简短的对话。

"你的爸爸妈妈呢？"

"去珠江了。"

"是广东的珠江吗？"

"不知道。"

"他们经常回来吗？"

"好久没有回来了。"

"有多久了？"

"不知道。"

"你是爷爷奶奶带的吗？"

"爷爷带的，奶奶去世了。"

……

此时，我不知道该怎样说了。"嗯，老师知道了，有机会去你家家访。你要好好读书，表现好点哦！"

那天晚上，我来到学生寝室巡查，进入了这个学生所在的寝室。"什么？这么热的天，你们还盖着冬被？还有垫被？你们不热吗？"我惊奇地问道。

"不热的，我们睡觉不盖被子的。"他们乐了。而在洗手间，有两三个学生在洗着衣服、玩着水，嬉笑打闹着。或许，这也是他们的开心时刻吧。

乡村的孩子，可能早已"习惯"了他们的生活。

与班主任们聊起，他们说，像这样的学生，班级里还有很多很多。但我却仿佛看不到他们的烦恼，或许是他们"隐藏"得好吧！

乡村的孩子，真的需要我们给予更多的关心、关注和关怀。他们的背后，可能有一个特殊的家庭；他们的未来，可能有一个改变命运的机会。

让我们守护乡村教育的"微光"，用我们的教育温度、教育情怀去唤醒每一个迷失、迷茫的孩子吧！

让我们守护乡村教育的"微光"，用我们的教育初心、实际行动去点燃每一个"沉睡"的、"孤寂"的孩子吧！

作者为学生颁发学校吉祥物"泗宝"，拍摄于 2023 年 5 月 12 日

5. 写在教师节之后

　　第 39 个教师节已经过去一周了，本想在教师节前写点什么，以作纪念。但是开学的忙碌，似乎打乱了写作的计划。

　　2023 开学初，《现代金报》的林记者通过微信问我："如果让你谈'教师节感受到最温暖的瞬间'，你能想到什么？"

　　2023 的教师节，是我从定塘中学调到泗洲头中学后的第二个教师节。依然记得来到这里的第一个教师节，是见证了学校对上学年县级优秀教师的表彰、对全校教师的献礼，仪式虽然简单，但却让人倍感学校对教师的尊重。而第二个教师节，也有校长的亲自送花、送巧克力，还有学校团委组织的感恩活动。但自从不做班主任后，我似乎已经对教师节的感触不多了。

　　于是，我开始在脑海里搜索在定塘中学工作的十四年，争取找点"温暖的瞬间"。首先进入脑海的，便是 2015 届毕业生欧露蒙的"西蓝花"。那是在 2020 年的 9 月 10 日，已经是大学生的欧露蒙在教师节当天带着一束"西蓝花"来看望我。"蒋老师你看，这是我给你精心设计的礼物，你一定会喜欢，是我亲自包的。"欧露蒙的笑容总是那样灿烂，自打认识她开始，我一直以为她是一个没有心事的乐天派，整天乐呵呵的。

　　除此之外，我还想起了很多以前美好的瞬间。2012 届蜗牛家族的吴梦瑶，每年的祝福短信总会在教师节当天如约而至，今年也不例外。前段时间，通过微信朋友圈看到她结婚了，我也送上了祝福。

　　很多记忆似乎已经模糊了，也只能通过微信朋友圈找回了。每逢教师节，学生有送花的、送画的，有送蛋糕的，有送奖状的……有当时仍是初中生的，有已经是高中生、大学生的，当然也有已经工作的。

做老师是幸福的，因为总有一个时刻是被学生惦记的，总有一段故事是被学生铭记的。

其实，教师节对老师们来说也只是一个普通的日子而已。那一天，也许还在上班，在忙碌的教育教学中"草草"度过；那一天，也许是休息日，就像今年的教师节，在休息中"默默"度过。

微信朋友圈有很多关于教师节的推文，微信群中也有很多对教师的美好祝愿。或许，在自媒体时代，我们多了一个表达祝福的地方，而这个地方显得格外"热闹"。

教师节已经过去了，这是我的第 16 个教师节，也是扎根乡村学校的第 16 个教师节。

我想对于老师们来说，教师节需要的不是隆重的仪式，也不是贵重的礼物。他们只是想要简单而真挚的尊重和认可，纯真而质朴的师生情谊。

2015 届毕业生欧露蒙带着"西蓝花"来看作者，拍摄于 2020 年 9 月 10 日

6.乡村学校为什么留不住"她"

有人说，六月是毕业季，是考试季。其实，六月也是教师的调动季。

每年六月，教育局会出台一份关于教师调动交流的文件，详细说明相关要求。我估计这也是大多数农村教师最期待的一份文件，仿佛是看到了"进城"的曙光。而我的徒弟——"sin"，也早早开始"调动计划"了。

"sin"来自宁波市区，在县城某民办学校代过课，后成功考编"上岸"，被分配到定塘中学。作为新教师的她，很努力，努力做好班主任，努力上好课，努力参加各项业务比赛。

2020 年 9 月，徒弟"sin"（薛赛颖）的第一堂公开课

我看着她进步，看着她成长，看着她在县内崭露头角。我曾说过，在专业方面，"sin"很有灵气，无论上什么课，只要稍微一点拨，就能理解；"sin"很有智慧，总能想出一些巧妙的设计，总能让人耳目一新、眼前一亮。

可以说，"sin"就是我们学校的新星，一颗冉冉升起的新星。

可是，总归是离家太远、未嫁此地，她那一颗想走的心总是在跳动。好像在今年三四月时，我已听说"sin"要走了，她要放下这里的一切，去一个离家更近的地方。于是，从那时起，我总是时不时地调侃她："哎，一个要走的人。"八月，"sin"真的走了，去往另一个城市重启"新教师"身份。

我不知道"sin"走的时候心里是什么滋味，或许是万般不舍，抑或是有一丝留恋，自然不会毫无牵挂。如我当初，从一个乡村学校到另一个乡村学校，至今依然未曾习惯、未曾忘怀。

人非草木，孰能无情。一个人，在一个地方待久了，与一群人在一起久了，自然会有感情。而我偶尔也会想，为什么乡村学校就留不住"她"，当然也留不住他们，还有她们。

他们（她们）渴望进城，渴望早日离开偏远的乡村学校，只为离家近一点、离孩子近一点、离老人近一点。这自然也是人之常情，谁都能理解。

我曾说，如果这个地方是我们不舍的，是我们留恋的；如果这个地方有我们成长的故事，有我们奋斗的印迹。那么，这个地方一定是我不想主动离开的地方。

乡村教育难，乡村教师难。要把乡村教师留下来，难上加难。

我曾幻想：我们能拥有高额的乡村补助、一流的硬件设施、优美的校园环境、和谐的工作氛围……一切一切能留下乡村教师、吸引城区教师的力量和资源。可能吗？

随着城市化进程的推进，乡村学校正面临着被撤并的局面。学生人数减少、班额数减少，我们还能拿什么留下教师、拿什么吸引教师。的确，这是一个现实问题，也是一个即将面临而又不得不面对的问题。到那时，我想可能就会出现"被动离开""被迫进城"的情况。

如果有一天，我们"被动离开"了。我还是希望我们仍然怀有对乡村教育的热忱，我们是兢兢业业的，我们是默默耕耘的。

如果有一天，我们"被动离开"了。我还是希望我们不要忘记乡村孩子纯真的脸蛋和无邪的笑容，不要忘记乡村田野的蛙叫声，树上的鸟叫声，不要忘记乡村学校的恬静、舒适……

7. 做一个"知足"的乡村教师

借着值周的名义，我"名正言顺"地住在了学校。学校的教师寝室，是前几年新建的，一室一卫，还有空调、热水器。条件之好，是乡村学校不多见的。

每天晚饭后，我可以散步于操场，劳作于菜地，闲坐于办公室。看学生在操场运动，有打球的、有跳绳的，当然还有追逐打闹的；看同事在菜地劳动，有摘菜的、有种菜的，当然还有像我一样在旁观的。亦可悠闲地在办公室喝着茶、看着书，享受着一丝清静、一份宁静。偶尔抽点时间去教室辅导学生，给学生讲讲题，叫学生背背书，甚是舒坦。这里的学生人数不多，作业的批改量自然也不大，甚至可以对学生逐个面批面讲。

学校不大，同事不多，圈子很小。这样的乡村教育生活，又有何不知足。

《道德经》曰：知足者富，强行者有志。意为，知道满足的人是富有的，遵循大道坚持力行的人是有志的。我想，我就是一个"知足"的乡村教师。

知足的教师，一定是充满阳光的。充满阳光的教师，是开朗的，是会用微笑感染学生、用热情温暖学生的。充满阳光的教师，是有活力的，是愿意与学生一起学习、一起运动、一起劳动的。充满阳光的教师，是可敬又可爱的，是沉浸于课堂、享受于课堂的，又是与学生一起坚信着"我的未来不是梦"的。

知足的教师，一定是容易满足的。容易满足，并不是没有要求，也并不是没有标准；而是会给学生、给同事、给自己定一个适合的目标，不苛求、不祈求、不强求。容易满意的老师，会因为学生的一点点进步而欣喜，会因为学生在运动会中夺冠而疯狂，会因为学生被表扬而窃喜。容易满足的老师，会因为同事的关心而感动，会因为同事取得了荣誉而赞赏，会因为同事赢得了佳绩而祝福。容易满足的老师，会肯定自己的努力，会改进自己的不足，会以悦纳之心待人，以宽容之心待己。

知足的教师，一定是踏实做事的。踏实做事，就是爱岗敬业，是对自己的工作负责，对自己的学生负责，对自己的学科负责。踏实做事的老师，一定不是在教学上"标新立异"、在荣誉上"争名夺利"、在成绩上"急功近利"的。踏实做事的老师，一定是稳扎稳打、尽职尽责的，躬身教坛，做着潜心教书的工作，守着静心育人的初心。

知足的教师，一定是朴素求真的。庄子说"朴素而天下莫能与之争美"，教育本身就是朴素的，这也是教育最美的底色。知足的教师，一定有一颗朴素之心，不浮躁、不急躁、不焦躁，不为五色所迷、不被五音所乱。陶行知说"千教万教教人求真，千学万学学做真人"，教育是求真的事业，求真是教育最本质的追求。知足的教师，一定有一颗求真的心，不虚、不假、不装，不为世俗打扰、不被市场捆绑。这样的教师，如农夫般，静待花开、静候成长，以朴素之心育真人。

"知足者富"，是内心的富有，是精神的富有，是对曾经、现在、将来拥有的知足。"强行者有其志"，是遵循教育规律之志，是立德树人之志，是在昨天、今天、明天立下的宏志。

评论家李泓冰曾说："对遥远的乡村来说，每一所学校，是一堆火；每一个老师，是一盏灯。那光虽是暗淡，却明明灭灭闪了几千年，是烛照中国乡村的一线微芒，让人温暖且踏实。"

是的，那就做一个知足的乡村教师吧！

8. 乡村教师专业成长需要"四大"平台的支撑

乡村教师肩负着实现乡村教育振兴的重任，是把乡村学校、乡村学生留住的重要因素。乡村教师的专业水平、成长状况关系着乡村学校教育质量的提升，是实现乡村学校可持续发展的重要保障。

"井底之蛙，只能抬头望天；鱼缸之鱼，只能四处碰壁"。教师的发展在工作头几年尤为关键，如果在工作之初，没有遇到一个好的环境、好的平台，没有自己的发展需求，对教师个人乃至整个学校的未来都是极其不利的。

乡村教师不能做"井底之蛙"，也不能做"鱼缸之鱼"，而应有自己的发展愿景、发展规划，当然乡村教师更需要专业成长的平台支撑。日本企业家稻盛和夫把人分为三种类型，即自燃型、点燃型、阻燃型。很少有人是"自燃型"教师，而更多的是"点燃型"教师，所以这就需要借助外力的支撑。

一是专业发展平台。 在乡村学校，校本教研活动是教师专业发展的基础平台，也可能是教师唯一或者说是参与最多的平台。但是，很多乡村学校由于规模所限、师资所限，教研活动大多流于形式，更多的只是为了完成任务而已。长此以往，乡村教师对专业的认识也会越来越局限，眼界也会越来越狭隘。乡村教师的成长需要更大、更好、更高的平台，如市级及以上的名优教师带徒平台、特级教师带徒平台等。教师只有走出自己的学校，走向更大的发展平台，才能看得更高、走得更远、成长得更好。

二是专业支持平台。 由于乡村教师普遍自信心不足，再加上教研组人数少、教研氛围不强，校内又缺乏专业成长和职业发展的引路人，这就造成了大部分乡村教师如果要上一节公开课、参加一次业务比赛，基本都是靠单打独斗。可想而知，最终的结果一般也是不理想的。从而逐渐形成恶性循环，使乡村教师逐步丧失成长的信心。因此，乡村教师的成长需要优秀的学科团队、完善的激励机制和优秀的学校领导等共同支持。

三是专业展示平台。乡村教师往往偏安于一隅，自我展示的平台不多，大部分仅限于自己的三尺讲台，很少有机会走出去，到县级、市级，甚至是省级平台进行展示。对教师来说，工作头十年是专业成长的黄金期，尤其是头五年，是业务发展的上升期。如果这十年没有过更高平台的展示，就很难再有机会。如果乡村教师有较多次数的高级别平台展示机会，就会给他们带来更多的成长压力和动力。

四是专业提升平台。正所谓"教而不研则浅，研而不教则空"，教师的专业提升，需要新的教学理念、教学策略，以及一定的科研能力。但是，目前乡村教师很多因忙于完成各项教学事务、杂事琐事，再加上自身学习内驱力不强，所以很难静下心来阅读、思考、研究；对很多新理念、新方法，很少去主动接触；对教育科研，更是怕触碰。因此，乡村教师的专业提升，需要良好的阅读平台，引导其养成"啃读"教育专著、教学期刊的习惯；需要良好的示范平台，有经典的、优秀的课堂教学引领；需要良好的科研平台，能对如何撰写教育教学论文、如何做课题进行专门的指导。

乡村教育很难，乡村教师更难。如果乡村教师有自我成长的内驱力，再加上外驱力的赋能，他们也一定会有"世界那么大，我想去看看"的意识和行动，也一定会成为优秀的教师。

我始终认为，"只有偏远的学校，没有偏远的教师"。正如有本书上写到，一个教师如何获得持续的专业成长，他的专业生活方式起着决定性作用。因此，乡村教师最大的需要就是一种专业的生活方式。

作者到嘉兴平湖稚川学堂授课照片，拍摄于 2023 年 5 月 16 日

9. 做"三贴心"的班主任

每一个做班主任的人，都希望成为学生喜爱的人、尊敬的人，也希望成为学生在求学时最美好的记忆。但是，做班主任工作往往又会遇到各种各样的问题、矛盾、困难，若不解决、不面对，反而可能成为班主任的工作阻力，甚至出现"希望下一届会好"的"寄语"。做学生喜爱的班主任，其实就是要成为学生的"贴心人"。

讲学生的"贴心话"。法国教育家卢梭说，赞扬学生微小的进步，要比嘲笑其显著的恶迹高明得多。每个人都渴望被肯定、被赏识，因此，班主任要学会讲话的艺术，掌握讲话的"火候"。"贴心话"并不是只讲学生喜欢听的话，而是不讲打击之话、不说侮辱之语，这是底线，多讲鼓励之话、多说改进意见应成为常态。既要经常发挥"南风效应"，又要巧妙用好"批评之术"。

做学生的"贴心事"。"贴心事"是对学生成长有利之事，是能让学生感受到"暖意"的事。正如苏霍姆林斯基所说，"不了解学生，教师就像黑夜里走路"。学生在学校生活、学习，不仅有学业负担，也有家庭压力。作为班主任，要充分了解学生的个性特点、家庭情况、成长历程等，努力为学生排忧解难，为学生搭建更多成长的平台。比如，为有绘画爱好的学生办画展，为有器乐技能的学生办音乐会，与学生一起打篮球、踢足球……

成学生的"贴心人"。教育是面向全体学生的，不是为个别学生服务的。苏霍姆林斯基说："如果你厌恶学生，那么当你工作刚开始，就已经结束了。"作为班主任，心中不应存在"优生""中等生""差生"之观念，而应尊重、适应学生的个体差异。当学生愿意与你交流学习、生活，愿意与你分享烦恼、痛苦，愿意将心里话、秘密向你讲述之时，班主任就已经成了学生的"贴心人"。

一个受学生喜爱的班主任，不仅是班级管理、学生学习的有效组织者，更应是学生成长路上的良师益友。一个受学生喜爱的班主任，不应是一位只会"教育""说教"的老师，而应是一位会倾听、能相伴之人。

作者与"追竹一班"学生一起春游，拍摄于 2014 年 5 月 15 日

10. 做学生成长路上的"点灯人"

《周书·卢诞传》有云"经师易得，人师难求"，"经师"是指教书本上知识的老师，而"人师"是指教你怎么做人且以自己的行为教导你的老师。在教师的职业生涯中，会遇到各种各样的学生，或勤奋，或懒惰，或乖巧，或叛逆，或聪明，或愚笨……但无论哪一种，都是缘分让师生不期而遇。这是一段不长的相伴，但却是彼此成长过程中不可忘却的记忆。有教育情怀的老师，总是珍惜每一次相遇、珍重每一位学生。而这样的老师，一定是学生成长路上的"点灯人"。

要为迷失的学生点灯唤醒。学生是成长中的人，这一路不可能总是一帆风顺，也不可能毫无挫折。在成长中，他们也会迷失自我、迷失方向，找不到努力的意义，看不见未来的光芒。学生的迷失总是有其背后深层的原因，也许是家庭的变故，也许是网络的诱惑，也许是交友的失败，也许是学习的受阻……迷失的学生，最需要的就是唤醒。作为教师，要为学生点上一盏灯，一盏可以唤醒他们内驱力的心灯，唤醒他们的主动性，唤醒他们的目标性。

要为孤独的学生点灯指引。学生的孤独感，可能来自家庭，可能来自学校。孤独的学生往往不愿与人交往。也许在他们心中，有属于自己的一个小世界。而这个世界，是他们最清静、最安静，最不想被人打扰的世界。但同时，他们也渴望享受人际交往带来的温暖，他们渴望被肯定、被鼓励，也渴望被发现、被关注。正如苏霍姆林斯基所说，"人的心灵深处，总有一种把自己当作发现者、研究者、探索者的固有需要"。作为教师，要为学生点上一盏灯，一盏可以指引他们走出孤独、打开心扉的心灯，指引他们主动拥抱现实世界。

要为落后的学生点灯引领。学生是发展中的人，落后是暂时的，可能现在不如其他同学，但将来未必是如此。学生的成长不止于一面，也许在某一方面相对落后，也许在另一方面又胜于他人。学生的落后，可能表现在学习能力、学习态度和学习成绩方面，也可能表现在道德品质、活动竞赛、艺术修养等其他领域。落后的学生，需要更多的自信、更多的鼓励。作为老师，要为学生点上一盏灯，一盏可以引领他们成为更好的自己的心灯，帮助他们扬长避短、克服困难、勇于突破、积极进取。

要为前行的学生点灯照明。每个人都渴望进步，渴望在成长的道路上成才；每个人都希望成功，希望在奋斗的行程中获得成就。但前行的道路不是通途大道，也不是一帆风顺的。学生可能会遇到挫折、遇到挑战，也可能会出现彷徨、感到无措，时而想要退缩、时而想要放弃。前行中的学生，亦需一种力量的支持。作为教师，要为学生点上一盏灯，一盏可以为他们前行照明的心灯，照亮前行之路，照亮理想之光，帮助学生树立"不放弃"的精神，养成坚持不懈、坚韧不拔的品质。

著名教育家张伯苓说："作为一个教育者，我们不仅要教会学生知识，教会学生锻炼身体，更重要的是教会学生如何做人。"教育是培养人的事业，是关乎每一个孩子成长的"良心活"。师者，理应成为"点灯人"，为每一个孩子点上一盏心灯；师者，理应成为发光者，去照亮、温暖每一个孩子。

学校组织开展的新中国成立 70 周年"我想唱首歌给您听"歌咏比赛

11. 原来，教育可以更美好

我也算是阅读过一些书，算是记录过一些让人印象深刻的"名家名言"。可如今，打开《教育可以更美好》一书，却让我想把整本书都装进大脑、装进内心。

《教育可以更美好》是汤勇的著作，早些年拜读过他的《致教育》，已经让我对这位"局长教育家"肃然起敬。于是，前几日便从网上买了他的《教育可以更美好》和《面向"双减"的教育》两本著作。

作为一名教师，我曾想过教育应该是怎样的？可以是苏霍姆林斯基给我的答案，也可以是杜威的，当然也可以是陶行知的。关于教育的本质，有很多说法，无非就是围绕一个"人"字。当然，我们的教育本来就有其美好的一面。而汤勇却告诉了我，教育可以更美好。

"教育的美好，在于教育是一种相遇、一种唤醒、一种成长、一种成全……"这句话来自《教育可以更美好》一书的封面，当然也是对书中内容的提炼。这是多么美好的一句话，多么让人感动的一句话。

我们在教育教学中，偶尔会抱怨、偶尔会埋怨，偶尔又会感到幸运和幸福。而这一切，都是与教育、与学生的一种相遇，相遇必然会有故事的发生。这就是教育的开始，也是教育的固有模样。

《教育可以更美好》不仅适合老师阅读，也适合教育行政部门领导、学校领导、家长阅读。无论是哪一方，我相信只要你想懂教育、想做教育，只要你对教育有一丝的情怀和"爱恋"，你都会获得一些感悟。这份感悟可能是暂时的激动，也可能会成为你持续行动的动力之源。

怎样的教育可以更美好？汤勇告诉我们的答案是，让蜗牛牵着我们去散步。是的，教育急不得，它是一种慢艺术，是一个发现美、享受美、理解美的过程。既然是过程，它就需要时间的积淀，需要我们学会等待，学会守候。

怎样的教育可以更美好？汤勇告诉我们的答案是，教育是一种相遇。遇见孩子是一种缘分，遇见学生也是一种缘分。"冷相遇暖，就有了雨；冬相遇春，就有了岁月；天相遇地，就有了永恒；当孩子们相遇学校、相遇老师，就有了教育"，这是多么让人沉醉的一段话。

怎样的教育可以更美好？汤勇告诉我们的答案是，教育不是一种迎合。在剧场效应的影响下，我们的教育似乎陷入了无限的恶性循环之中，迎合分数、迎合领导、迎合考核、迎合家长……似乎成了一种见怪不怪的现象。但教育真的不是迎合，而是适合——为每个学生创造适合成长的教育环境。

怎样的教育可以更美好？汤勇告诉我们的答案是，教育需要回归初心。教育需要温度，是适合每个孩子成长的温度；教育需要良心，是守候、等候、静候每个孩子成长的良心；教育需要勇气，是能自觉抵挡浮躁之风、功利之心的勇气；教育需要创造，是着眼于每一个学生未来发展的创造……

汤勇在书中说，"教育是人的事业，人是教育的起点，也是教育的终点。教育的对象是人，教育者眼中要有人，心中要有人"。

读完《教育可以更美好》，我久久不能平静。似乎这些年我想对教育说的话，都能在书中找到；似乎这些年我对教育的疑惑，它都给了我答案；似乎这些年我对教育的"不满"，它都给我了抚平情绪的解药。

教育，真的可以更美好。

组织教师开展"阅读·悦成长"读书分享会，拍摄于 2019 年 11 月 23 日

12. 新时代大先生当是"第一流的教育家"

何谓大先生？人民教育家陶行知先生曾在《第一流的教育家》一文中指出，"依我看来，今日的教育家，必定要在下列两种要素当中得了一种，方才可以算为第一流的人物"。而这两种要素，就是"敢探未发明的新理"和"敢入未开化的边疆"，即"第一流的教育家"要具有创造精神或开辟精神。陶行知先生所言之"教育家"，并非特指教育领域的杰出人物，它亦可是平凡岗位上的每一位教育工作者。而今，中国特色社会主义进入了新时代，中国教育迈入了高质量发展阶段。做新时代的大先生，当以成为"第一流的教育家"为努力方向。

立"为党育人、为国育才"之大志

教育是国之大计、党之大计。作为教师，必须立下"为党育人、为国育才"的大志，明确"为谁培养人"的根本问题。"为党育人、为国育才"就是贯彻落实党和国家的教育方针、教育政策，就是要培养具备坚定共产主义信仰和正确政治方向，听党话、跟党走的新时代中国公民。

新时代的青少年学生，正处于人生的"拔节孕穗期"，扣好人生第一粒扣子尤为关键；新时代的青少年学生，是推进中国式现代化的主力军，是全面建设社会主义现代化强国的中坚力量。培养当代青少年学生事关民族复兴之大计。因此，教师不能只着眼于学生眼前的发展，只关心学生的一时得失；不能拘囿于三尺讲台，一方之地。为师者，当站位国家发展之要、民族复兴之需的高度，将学生培养成忠于党、忠于国家、忠于人民的新中国建设者和接班人。

教师之大志，在厚植学生爱国主义情怀，在增进学生对伟大祖国、中华民族、中华文化、中国共产党和中国特色社会主义的高度认同，在引导学生将爱国情、强国志、报国行自觉融入国家的建设和发展之中。

守"立德树人、教书育人"之初心

立德树人是教育的根本任务，教书育人是教师的根本任务。作为教师，必须坚守"立德树人、教书育人"的初心，明确"培养什么人"的根本问题。"立德树人、教书育人"就是要追求教育的本质，以"德"树"人"，实现教书与育人的统一，培养德智体美劳全面发展的"大德"之人。

教师应当自觉成为有理想信念、有道德情操、有扎实学识、有仁爱之心的"四有"好老师，以自身之"德"培育学生之"德"。教育是塑造人、发展人的事业，只有把"立德"放在首位，才能更好地"树人"，才能为其成长打好牢固的思想根基，才能使其养成"明大德、守公德、严私德"的品质。"教书"的最终目的是"育人"，教师不仅要做好知识、思想、真理的传播者，更要成为学生向善、尚美、崇德的引导者。

教师之初心，在严守师德底线、恪守职业道德、坚守立德为先，在怀揣教育梦想、拥有教育情怀、回归教育本真，在耐心浇灌、静待花开、润物无声。

担"守正创新、踔厉奋发"之使命

建设教育强国，需要教育的高质量发展，更需要教师的高质量发展。作为教师，必须担负起"守正创新、踔厉奋发"的使命，明确"怎样培养人"的根本问题。守正创新，就是要在守正的基础上创新，在创新的保障下更好地守正。就教育而言，就是要教师守住教育之"道"，即教育的规律、学生成长的规律；就是要创新教育之"术"，创造更多适合当下学生成长、社会发展需要的教育教学方法。

当今世界正处于百年未有之大变局的深刻变化之中，全球竞争日趋激烈、时代变化日新月异，创新型人才是国家发展之需要，国际竞争之关键。作为新时代的教师，当扛起教育新使命、谱写教育新篇章，守中国特色社会主义教育事业之正，创中国特色社会主义教育事业之新，在建设教育强国的新征程上踔厉奋发。要将教育改革的新要求、新蓝图变成现实，要在创新实践上下功夫、在素养培育上见实效，致力于培养有理想、有本领、有担当的时代新人。

教师之使命，在不断更新教育理念、创新教育方法，在聚焦学生核心素养培育，在为党和国家培养时代所需、未来所需、世界所需之人才。

新时代大先生当是"第一流的教育家"，当有陶行知先生"大丈夫不能舍身试验室，亦当埋骨疆尘，岂宜随便过去"的胸怀和担当。新时代的大先生，不是"政客式的教育家""书生式的教育家""经验式的教育家"，而是创造者、开辟者、引领者，是立大志、守初心、担使命的"国之大者"。

13. 教育，要过追光的日子

2023 年暑期，一部教育类题材的电视剧《追光的日子》热播。只看剧名，它已经成功地吸引了我。因此，那段时间也成了我"追剧的日子"。剧中，一群性格不同、家境不同、基础不同的学生在郝楠老师带领下，克服各种困难和干扰，一起奋战高考，最终实现了各自的人生目标。在这一过程中，有欢乐、有痛苦，有满足、有遗憾，有收获、有失去。但最终，郝楠老师与学生之间实现了双向奔赴、双向救赎。是的，这就是教育的日子，教育就是要过追光的日子。

追光的日子，需要教师心中有光。教师心中的光，是一种教育情怀、教育温度，是不放弃任何学生的"执拗"；教师心中的光，是一种教育理想、教育期待，是相信每一个学生都会因教育而改变的"信念"。正如剧中的郝楠老师，他让高考落榜的学生重新燃起了信心，让自甘落后的学生找到了学习的价值，让留守学生感受到了温暖，让被父母干扰高考志愿的学生坚定了自己的目标……剧中学生，恰如我们每天所面对的学生，剧中的家庭，就是生活的写实，因此很容易使人产生代入感。教师，要把教育过成追光的日子，要善于用教育的眼光去发现学生之光，帮助学生寻找属于自己的那束理想之光。教育，不是"育分数"，而是"育人"，是为每一个学生找到适合自己的未来。正如剧中郝楠老师所说的，"高考不是唯一的路，每一条路都可以是一条绚丽的风景线"。

追光的日子，需要学生眼中有光。学生眼中的光，是一种正确认识自我、准确定位自我的"眼光"；学生眼中的光，是一种追逐梦想、改变自我的"目光"。每个人都是独一无二的个体，每个人都是无可复制的孤本。教育应有"多一把尺子""多一些标准"之义，为每个学生"量身定做"属于他的评价标准。剧中的学生，曾迷茫过、迷失过，曾孤独过、孤单过，曾失落过、失望过……但在老师的教育和引导下，他们开始认识自己、发现自己，开始创造属于自己的光，沿着这束光前行、奋进。分数，不是学习的目的，更不是人生的定义。学生，应当过追光的日子，为自己编织一个梦想，为实现梦想凝聚奋进的力量。正如剧中郝楠劝说学生的一句话，"连垃圾都可以被废物利用，人为什么不尊重自己的价值，不要轻易放弃"。尊重自己的价值，追逐自己的梦想，每个人都可以成为追光者。哪怕这束"光"很微弱、很渺小，但追光的日子就是幸福者、奋斗者的生活。

追光的日子，需要师生一起逐光。教育的对象是人，教育的目的是使人成为人；教育，应该是双向奔赴的，是教学相长的，是共同成长、彼此成就的。师生一起逐光，需要师生之间的信任、平等和尊重，需要师生之间建立起来的那种无私、纯洁、质朴的情感，需要师生之间的共鸣、共情、共振。教师心目中的光，应是照亮学生的光，是指引学生的光，是唤醒学生的光，只有这样的光，才能真正带领学生一起逐光。学生心目中的光，应是召唤内心的光，是渴望成长的光，是充满能力的光，只有这样的光，才能真正让老师更加坚定地与学生一起逐光。剧中，郝楠老师为了让每一个学生走出内心的"封闭"，通过一次次的家访、一次次的谈话、一次次的解围，把希望之光、理想之光照进了现实、照出了可能、照向了未来；为了留下郝楠老师，同学们做了很多动人的事，说了很多感人的话，他们用自己的一束束光，照进了郝楠老师的内心，帮助郝楠老师走出了一直在逃避的"阴影"。而此时，教育也真正实现了双向奔赴，两束光终于相融，化作一道更耀眼、更灿烂的"光"。

教育，应该要过追光的日子；教育，理应是追光的日子。光，是一个起点、一个路标，是努力起始的方向；光，是一个目标、一种理想，是努力要去的地方；光，是一段旅程、一股力量，是努力过程中的芬芳。

14. 努力成为"三知"教师

"三寸粉笔，三尺讲台系国运；一颗丹心，一生秉烛铸民魂"。教师是教育发展的第一资源，承担着让每个孩子健康成长、办好让人民满意的教育的重任。作为新时代的教师，应当不断提升自我素养，努力成为一名"三知"教师。

知学生，方能"得心应手"

苏霍姆林斯基说"不了解学生，教师就像黑夜里走路"，这足见认识学生的重要性。倘若教师对自己正在教的学生一无所知，仅凭经验进行教学，势必会"外甥打灯笼——照旧（舅）"。就会出现如陶行知所言的"先生好像是书架子字纸篓之制造家，学校好像是书架子字纸篓的制造厂"的现象。

作为教师，要对学生有一个清晰、全面的认识和分析，要知道学生的兴趣爱好、性格特点、学习基础，要知道现在的学生喜欢什么、研究什么、擅长什么。人民教育家于漪老师曾告诫教师"学生的情况、特点，要努力认识，悉心研究，知之准，识之深，才能教在点子上，教出好效果"。学生是教育的全部，也是教育的对象；学生是发展的人，也是不断变化的人。教师如果不了解自己所教的学生，教育就无从谈起。教无定法亦有法，这个"法"必然是依据学生生成的，必然是围绕学生而实施的。

陶行知先生认为，"好的先生不是教书，不是教学生，乃是教学生学"。教师的作用在于指导、引导学生，对于学生在学习中遇到的问题、困难，不应"授之以鱼"，而应"授之以渔"。教师要帮助学生掌握解决问题、破解问题的方法，让学生在此过程中逐步丰富相关的学习经验并进行迁移和应用，才能提高学生的求知欲望，从而形成孟子所说的"自得"。如此，教师才能教得"得心应手"。

知自己，方能"理直气壮"

汤勇曾在《教育是美好的修行》一书中提到，教育质量的提升，教育高质量的发展，关键点在教师，发力点在教师，最终希望点也在教师。只有当教师对自己的职业、自己的专业有清晰的认识，对自己的价值有高度的认可，才能真正促进"学"的发生、促进学生的发展。正如美国教育家帕克·帕尔默所说的"真正好的教学来自教师的自身认同与自我完善"，教师需要增强自己对所从事职业、任教学科的认同感，并不断自我发展、自我完善。

知自己，在于明确教师的重要性。教育是国之大计、党之大计；教师是立教之本、兴教之源。教师肩负着为党育人、为国育才的使命，承担着立德树人的根本任务，承载着"传播知识、传播思想、传播真理，塑造灵魂、塑造生命、塑造新人"的时代重任。知自己，在于明确教师的特殊性。既要做精通专业知识的"经师"，又要做涵养德行的"人师"。知自己，在于明确教师的示范性。做学生为学、为事、为人的示范，促进学生成长为全面发展的人。

教师要教得理直气壮，必须要有自己的人格特征，是专属于教师的人格特征——有理想信念、有道德情操、有扎实学识、有仁爱之心，用自己的人格去影响学生、感染学生、引领学生；必须要有丰富的教学方法，是能实现教学合一、知行合一的教学方法，用符合生情、学情的教学方法引导学生不断合作探究、实践体验；必须要有深厚的阅读积累，是能够带领学生与书相伴、与书为友的阅读，用阅读滋养学生的心灵。

知未然，方能"与时俱进"

随着人工智能时代的到来，ChatGPT 的问世，教育领域将会出现史无前例的变化，教师也将面临前所未有的挑战。在这样的时代背景下，还在依赖教材、教参的教师或许将会被无情淘汰。教育不再是为已知而教，而应为未知而教、为未来而教。

作为教师，要深刻认识到当今学生所处的时代是数字时代，他们是智能社会的原住民。如果教师抗拒技术、远离技术，不以主动的姿态和行动投入数字时代中，势必会离学生越来越远。作为教师，要深刻学习新课程、新课标，从中把握当下和未来的教育教学改革方向，明确培养学生核心素养的新要求，以此革新自己的育人方向、育人方式。作为教师，要以"苟日新、日日新"的思想引导自己不断加强学习、深入钻研，以新的教学理念、教学方式适应新的学生特点和时代需求。

子曰："学而不厌，诲人不倦。"教师只有做到与时俱进，才能"学而不厌"，才能"诲人不倦"，才能让教育触及生活、触及社会、触及世界、触及未来。

"我的班集体"朗诵比赛，拍摄于 2019 年 5 月 29 日

15. 家庭教育的"多一点"和"少一点"

"老师，你今天在家长会上讲的内容真好、真对，谢谢你。"一位奶奶热情地跟我说。这让我觉得今天在家长会上的发言是有价值的。

作者在家长会上发言时的照片，拍摄于 2023 年 11 月 29 日

又到期中，按惯例学校要举行期中家长会，与家长见见面，交流交流。一般而言，这时学校往往会请一些家庭教育专家到校做专题报告。但我深知，这样的讲座对农村初中的学生家长来说效果是微乎其微的。为了让家长能听懂、有收获，根据学校工作安排，由我做半小时的集中讲话，也算一次微型讲座。

讲些什么？怎样才能让这次交流更加"接地气"？经过一晚上的准备，

我确定了本次讲话的主题是《家庭教育的"多一点"和"少一点"》。

我始终认为，教育孩子要坚持一个原则，即"遵纪守法是底线，身心健康是保障，向上进取是态度，努力奋斗是行动"。成人比成才更重要，我们教育孩子首先要教育他成为一个可用之人、有用之人。

教育孩子是一件很头疼的事，也是一项需要持续研究、攻克的课题。但是，家庭是孩子的第一所学校，父母是孩子的第一任老师，也是最长久的老师。作为家长，需要学习一些家庭教育的理念、方法，需要掌握一些与孩子沟通的技巧。

一是对孩子多一点耐心、少一点唠叨。现在的孩子尤其是青春期的孩子，普遍最怕、最烦的就是唠叨。我认为，作为家长，能用一句话（讲一遍）跟孩子表达清楚的，而且确定孩子确实是在听的，确实是听到了的，就没有必要再重复、再强调了。有时候"重要的事情不一定要说三遍"，因为也许就是家长的多说一句，可能就会引起孩子的不耐烦。同时，作为家长要保持心态平和，不急躁、不焦虑，不因自己的负面情绪影响孩子的情绪。要学会倾听，而且是耐心倾听；要学会沟通，而且是耐心沟通。

二是对孩子多一点信任，少一点猜疑。作为父母，理应是最了解孩子的人。对于有时候孩子向家长提出的一些要求和想法，作为家长要多一点信任，少一点猜疑。比如，看见孩子在做作业时拿着手机，不能下意识地以为孩子肯定在玩游戏，也许他正在查学习资料，而家长的猜疑和随口一句"作业不好好做，玩什么手机"，可能就会引发亲子矛盾。作为家长，可能会习惯性地、不自觉地去猜疑孩子，而不愿意花时间去了解孩子的真实想法。或许，这就是孩子不愿意跟家长交流的原因之一吧。

三是对孩子多一点鼓励，少一点打击。网上曾有个视频，一个孩子兴高采烈地拿着试卷，告知妈妈自己考了70分。这比之前进步了10分，应该是足以得到肯定和表扬的。妈妈拿到试卷后，首先是喜悦的，但随后的一句"你的同桌考了几分"，把氛围瞬间降至冰点。当妈妈得知孩子的同桌考得比自己的孩子要好时，再也没有任何喜悦了，原本的表扬也变成了斥责。这显然与苏霍姆林斯基所说的"只有在学习上获得成功而产生鼓励的地方，才会出现学习的兴趣"背道而驰。作为家长，我们总是习惯于用"与他人比较"来衡量自己的孩子，而忽略了孩子自身的进步。缺少鼓励、陷入自卑的孩子，又怎能激发起学习的兴趣，又怎能养成进取的人生态度。

其实，家庭教育的"多一点"和"少一点"，又何尝不是学校教育的"多一点"和"少一点"。教育孩子任重道远，教育孩子无比重要。也许，我们的孩子不一定能够成为拔尖人才，但是我相信每一个孩子都能成为更好的自己。

16. 给中等生一个撬动自己的"支点"

中等生作为学校教育中的特殊群体，常常不被老师关注，容易被忽略。长此以往，不仅不利于中等生的个人成长，也不利于班级的整体发展，还会造成中等生的心理"亚健康"。"物无弃物，人无弃人"，作为教师，要善于发现中等生的闪光点、亮点，给予中等生一个成长的"支点"，帮助他们撬动自己。

一是给他们一个"合作点"。根据多元智能理论，每个人都有其优势、特长，教师可以通过"组间同质、组内异质"的原则组建班级小组，开展小组竞争。引导中等生在组内将自己所擅长的才艺进行展示，以补小组之"劣势"，让中等生在组内合作、组间竞争中得到关注和成长。

二是给他们一个"活动点"。苏霍姆林斯基说："没有活动就没有教育。"学校和班级要开展形式多样、内容丰富的校园活动，为中等生彰显个性搭建平台，如体育、音乐、美术、写作、劳动等方面。从心理学角度看，一个人只要体验一次成功的欢乐，便会被激起追求无休止的成功的力量和信心。教育是面向全体的，作为活动组织者要坚持全员性、趣味性、竞技性的原则，要让中等生能够找到适合自己的"舞台"，让他们在"舞台"上享受快乐、收获成功。

三是给他们一个"关注点"。作为中等生，他们不一定是成绩上的主角，但一定是生活的主角，是自己人生的主角，他们同样需要被关注、被重视。而且，中等生的地位恰好处于"可上可下"的状态，因此对中等生的关注尤为重要。教师在教学时要给予中等生更多思考、答题的机会，要让他们感受到自己也是课堂的主人。在课后，教师也要加强对中等生的辅导，防止他们"可下"，鼓励他们"可上"。多一些眼神的注视、多一些言语的鼓励，是中等生之需。

四是给他们一个"成长点"。杨澜说：你可以不成功，但你不能不成长。中等生不一定渴望成功，但每一个人都渴望成长，教师要给中等生多一点成长的机会。比如，让中等生当"小先生"、课代表、班干部等，让他们在帮助、指导"后进生"学习的过程中，在做教师助手的工作中，在承担班级事务的职责中，体会自己的价值、探寻努力的方向、找到成长的动力。

17. 教师如何迈过论文写作这道"坎"？

正所谓"教而不研则浅，研而不教则空"，教研之道是教师成长之道，教学与科研共生共融，是教师成长的"一体两面"，缺一不可。但是，写论文对很多老师来说，是一道难以越过的"坎"——不敢写、不想写、不会写。

迈过选题"坎"，明确写什么。写作的第一个难题一般就是不知道写什么，也就是选题。教师要立足日常教学，以教促研，教研相长。作为老师，一般都会有参加教研活动的机会，如参与听课、评课——做旁观者，如课堂展示、讲座汇报——做分享者。无论是哪一种角色，我们都可以从中发现选题的方向。作为旁观者，我们可能会听到专家、教研员等听课教师的点评，其中不乏新颖的教学理念、精彩的评价语言，当然也有指出课堂的"美中不足"的，这些都可以成为我们选题的切入点。同时，作为分享者，我们更会精心准备每一节公开课和每一次讲座，为此我们需要查阅资料、检索文献，以提高自己的理论水平。而在这一过程中，我们已经在无形中生成了一些写作选题。如果老师们能将上课、讲座和写作视为一体，那我们将会有无限的写作灵感。另外，作为教师还要密切关注教育教学期刊每年发布的重点选题方向和专题征文活动，这些可能就是当下最热、最新、最需要的研究方向。

迈过写作"坎"，明确怎么写。在确定选题后，我们就要开始动笔，正式开启写作模式。如何写出一篇规范的论文？首要的就是了解论文的写作规范，一般包括论文题目、摘要、关键词、引言、正文、结论和参考文献等方面。论文题目是题眼，需要一个抓人眼球的标题，字数不宜多、范围不宜大，要讲究科学性、逻辑性和新颖性。如需主副标题，则要巧妙配合，即以主标题传递文章核心观点，以副标题限定研究范围、学科范围和研究对象。论文的摘要是对文章主要内容的概括，且是以第三人称叙述的方式撰写。按要求控制字数，把写作目的、研究方法、研究结论交代清楚即可。引言是文章的"导语"，就是指论文开头的一段话或两段话，主要就是交代文章的写作背景和目的，常见的引言类型主要有政策类、理论类和实践类。正文部分是文章的中心，也是写作最重要的部分。正文结构一般包括递进式、并列式、综合式等，老师应根据写作之前的思考，选定适合的结构，并提前谋划文章整体框架。论文的结论是收尾，是对引言的呼应、对正文的概括，是研究的综述。最后，就是参考文献，抓住三个关键词"权威""规范""标注"即可。

迈过投稿"坎"，明确为什么写。 "我们写论文不是为了自我珍藏，而是要与同行交流、分享。"其实，教师进行论文写作除了自我反思、总结、提炼以外，还应该参加各级的论文评比，让自己的写作成果得到"展示"。所以，教师应该积极投稿，努力将论文发表在期刊、报纸上。如何投稿？首先，教师要多了解各类教育期刊、报纸的要求、发文风格、选题类型和字数要求等，这样有利于为自己的文章找到合适的"平台"。其次，要到官方网站、官方微信公众号、样刊上去寻找投稿的方式，避免上当受骗。最后，就是需要耐心等待，一般期刊审稿包括初审、外审和终审三个环节，时长约三个月。当然，我们写作的目的不只是为了发表，更重要的是为了自己的专业成长。带着研究意识去从事教育教学工作，会让我们"教得更深""研得更深"。

当教师成功发表了第一篇论文，得到期刊、报纸编辑的认可、得到了专家评委的肯定，就会拥有无限的动力，从而成功迈过论文写作这道"坎"。

18. "老子"看"消失"的课间十分钟

"操场边的秋千上，只有蝴蝶停在上面。黑板上老师的粉笔，还在拼命叽叽喳喳写个不停。等待着下课，等待着放学，等待游戏的童年……"以前唱《童年》是忆童年、念童年，如今再唱《童年》，却让我联想到了"消失"的课间十分钟。原本再寻常不过的课间十分钟，突然冲上了热搜，引起了众多媒体关注，真是"不寻常"。

于是，我想起了我的"童年"。下课了，同学们三五成群，好像约好一样奔赴操场。虽然那时的操场没有塑胶跑道，只有泥土地面、煤渣跑道，但同学们玩弹珠、跳皮筋、扔沙包，甚至还有追逐打闹的，这十分钟好不热闹。老师们总会提醒我们"下课了多出去走走，看看绿色植物，对眼睛好"，"上课前做好下节课的准备，把书本和学习工具拿出来"。

而从教以来，我也几乎不故意拖课。临近下课，个别学生是最"专注"的，"专注"地看着手表倒计时，"3、2、1，响"。是的，他们能够精准地把握下课铃声什么时候响。我每次上课都会提前几分钟进入教室，提前做好上课的准备工作，与学生聊聊天，观察学生的精神状态，提醒学生注意课间安全。

课间十分钟上了热搜后，各地教育行政部门开始排查、整治"课间圈养"现象，"剑指"课间十分钟。"鼓励学校适当延长课间活动时间""不得对学生课间活动设置不必要的约束""错峰有序地课间活动"等规定陆续出台。同时，教育部还将指导地方建立常态化督导检查长效机制，在责任督学日常督导、教学导视等常规检查中关注落实课间活动问题，经常性开展明察暗访。

当再普通不过的课间十分钟引起了教育部的关注和重视，被列入了督导检查项目，我想这十分钟在一定程度上必会得到落实。但我们似乎总有一种"非此即彼"的两极化思维。会不会出现从"完全圈养"走向"完全散养"的情况？会不会给学校布置"学校自查""学生调查""一校一案"等任务？会不会出现"一律不得拖课""一律不能提前进入教室""下课全部去操场"等规定？

我一直认为，课间十分钟是学校再小不过的事。老师因为还差一点点内容结束教学，适当拖堂一两分钟又何妨？在课间，老师叫个别学生到办公室辅导又何妨？

那么，课间十分钟为何会"消失"？学校为何会出现"课间卷圈"的现象？究其原因，还是"唯分数论""唯成绩论"作祟，还是片面的"质量观"所致。

老子说："道冲，而用之或不盈。"意思是说，道是阴阳两者相互中和，其作用无穷无尽。人的成长有其规律，教育也有教育规律，这就是老子所说的"道"。如果说学生是"道"，则学习是"阳"、休息是"阴"，上课是"阳"、课间是"阴"。"万物负阴而抱阳"，只有阴阳相互作用、相互融合才能使万物和谐。如果我们忽略了学生的"阴"，怎能促其学习，又怎能促其生长。所谓"孤阴不生、孤阳不长"，就是这个道理。

老子又说："持而盈之，不如其已；揣而锐之，不可常保。"意思是说，求盈求满又想保持，不如适可而止、恰到好处；把锤子打磨得极为锋利是不能长久保持的。作为老师，想提高学生的成绩，想给学生多讲一点，想多占用学生一点时间，无可厚非。但是，占用课间大部分时间，甚至占用整个课间十分钟，那就"过度""过分"了。扪心自问，正在等待下课的学生，他们能安心听课吗？他们会喜欢这样的老师吗？所以，老子提醒我们凡事不要做得太满，不要过于追求极致。

《战国策·秦策》中有这样一句话"日中则移，月满则亏"，这就是"盛极必衰，物极必反"的道理。

　　教育是面向人、成长人、成就人的事业，教育生活理应包括学生的休息时间。学生不是机器，学生是需要休息、需要自我调整的。要适当地给学生"放空"，让他们去玩耍、去游戏，去享受这"难得"的课间十分钟。

　　我也希望"操场边的秋千上，同学们都坐在上面。黑板上老师的粉笔，已经不再叽叽喳喳写个不停。等到了下课，等到了放学，等到游戏的童年……"能成为一种常态。

19. 教师的阅读，应该是自由的

曾国藩曾说："人之气质，由于天生，本难改变，唯读书则可变化气质。"为师者，当是有气质之人，当是热爱阅读之人，身上自带书香气。可如今，喜欢阅读的老师越来越少，保持阅读习惯的老师少之甚少。美其名曰：太忙。忙，实则心亡，即对阅读的漠视，甚至是无视。有人说，"一个不读书的老师，怎么能教出爱读书的学生？"是的，教师阅读的重要性不言而喻。我始终认为，教师的阅读，应该是自由的。

从情感上说，自由的阅读就是主动的阅读，不是被迫的。我反感"命令式"的阅读。这种命令，可能来自教育行政部门，可能来自学校；这种命令，可能给你限定书籍，可能给你限定时间。命令你在一定时间内完成阅读，命令你在一定时间内上交读书报告，这都让我对这样的"阅读"产生抗拒。阅读是自己的事情，阅读是享受的事情，阅读不是为了完成任务，更不是为了撰写一份读书报告。

我反感"打卡式"的阅读。阅读打卡，更像是刷"存在感"。打卡的目的，就是告诉他人"今天我读过了"，至于到底有没有读，只有自己有数。阅读打卡，也像是一种刷"仪式感"。仿佛就是在朋友圈、微信群、钉钉群完成一个阅读仪式，仪式后要不要继续，也只有自己明白。打卡是手段，不是目的，可用，亦可不用。如果我们在阅读时，还在想着："今天我打卡了吗？"那就本末倒置了。阅读是一种乐趣，不是一种应付，更不是"每日签到"。

从内容上说，自由的阅读就是自主选择的阅读，不是被限定的。我喜欢阅读一些关于教育理念的书籍。在《陶行知文集》中感受"生活即教育"，做知行合一的教育者；随着朱永新寻找"幸福而完整的教育"，探寻"我的教育理想"；跟着李镇西"做最好的班主任"，寻找"教育的 100 种可能"。最近，我又成了汤勇的忠实粉丝，我拜读了汤勇的所有著作，沿着他那"朴素而幸福的教育"一路前行。

我喜欢阅读一些教学策略的书籍。当"项目化"成为教学热词时，我便大量购买项目化主题的书籍。我在这些书中寻找教学理论、教学策略、教学案例，并以此指导自己的教学实践。当"议题式教学"进入《义务教育道德与法治课程标准（2022 年版）》时，我便开始购入沈雪春老师关于议题式教学的所有实践成果，并据此思考如何在初中阶段实施议题式教学。在"新课程""新课标"发布不久后，我便开始在网上书店搜索相关的书籍，我渴望尽快了解专家的解读、最新的案例。

我喜欢阅读一些教育教学期刊。作为初中道德与法治教师，《中学政治教学参考》成为我专业成长的必备读物。我喜欢在论文中寻找教学的新想法、新做法，学习新理念、新策略；作为学校行政管理人员，《中小学学校管理》《中小学德育》《上海教育》等又成为我赋能管理的重要参考。在文章中，感受全国各地学校的教育实践，借鉴、吸收先进的管理理念，致力于一方教育之土的探索。

从时空上说，自由的阅读是不被时间、空间限制的。我喜欢利用碎片时间阅读，阅读一些微信公众号推文。我关注着几十家期刊的公众号，关注着"镇西茶馆""汤勇晓语"等一些教育名家的公众号，也关注着一些一线教师的个人公众号。每当他们推送文章时，我便会在闲时利用几分钟时间予以学习，若有共鸣、若有参考、若有启发，我便收藏起来慢慢品读。

我喜欢在任何时间任何地点随意地阅读。我常在办公室阅读，桌上放着的那些我要读、我想读的书籍，随时可取；我常在家里阅读，书房里的那些已读的、未读的书籍，偶尔翻阅。我习惯在没有课时阅读，哪怕就读几页；我习惯在夜深人静时读，甚至是读完整本书。我可能会略读，可能会精读，也可能会啃读。我喜欢记录，将书中我觉得有必要、有需要的文字记录在笔记、软件中。

我的阅读是自由的，我喜欢以"输出"的形式表达我的阅读。我始终认为，每一本书能够得以出版，定有它的阅读价值。因此，我喜欢带着学习的态度去阅读，每当有所感悟时，我会立即抓住瞬间的灵感，在电子文档中"码字"。也许只有 100 字，也许会有 1000 字，久而久之，读书报告自然形成。每当有所思考时，我就会沿着书中的理论、策略，尝试撰写一篇教育教学论文。可能思路涌泉，可能思维短路，但这已经迈出了从"输入"到"输出"的第一步。

于永正老师说过："读书是教师最大的修炼。"教师的阅读，理应是自由的，是不含任何功利思想的，是不被任何人操控的。当教师已然产生阅读的自觉，他的心智一定是自由的，他的专业成长一定也是自由的，他的精神世界一定是自由而丰富的，他的生命一定是充盈而有意义的。

20. 做有信仰而幸福的教师

第一次阅读朱永新的《致教师》是在 2018 年，这是一本写给老师的书，或者说就是朱永新写给老师的"一封信"。第一次读时，我读到的是"怎样做教师"。如今重温，已时隔近六年，我却读到了"怎么样做一个有信仰而幸福的教师"。

朱永新说："真正的信仰是最为恒久炽热的希望，能在厄运中鼓舞起勇气，激荡起乐观。信仰造就乐观，是生命中的太阳，任何情况下的人生都会因此温暖明亮，并指引着生命中的明亮那方。"

我信仰的事业，是崇高的事业。曼德拉说："教育是最强有力的武器，你能用它来改变世界。"是的，百年大计、教育为本，教育对于人、对于社会、对于世界，都有其无可替代的功能。教育是培养人、塑造人、成就人的事业，是生命的事业，是引领学生拥抱幸福、拥抱未来的事业。正如朱永新所言"你的精心照料与哺育，就是帮助他们挖掘自身的无穷潜力，激发他们不可限量的能量"，教育就是在唤醒学生内在的潜能、唤醒学生内在的灵魂。教育是一种传承，是一代比一代更好的传承；教育是一种接力，是一代人干完一代人继续干的接力。

我信仰的事业，是平凡的事业。教育的平凡在于教师工作的繁杂而琐碎。教师要及时学习新课程、新课标、新理念，教师要用心备好每一课、上好每一课、改好每一课，教师要每天布置作业、批改作业、讲评作业，教师要认真完成每一项任务、每一项考核、每一项指标。朱永新说："从某种意义上讲，选择当老师，就选择了平凡，就选择了奉献，甚至就选择了清贫，但是你唯一可以做到的，就是让自己拥有充实的内心世界，拥有快乐和幸福的教育生活。"是的，选择教师就要淡泊宁静，就要放弃名利和权贵。但平凡，不是平庸。"每个岗位都可以做得精彩，每个舞台都可以创造辉煌"，伟大来自平凡，平凡亦可创造伟大。

我信仰的事业，是生活的事业。斯宾塞认为教育的本质是"为完满生活做准备"，陶行知说"生活即教育"，教育本身就是生活的一部分，生活离不开教育、教育离不开生活。我们所从事的事业，是引领学生直面生活、改造生活、完善生活的事业，是真实而接地气的事业。生活给予了我们无穷的教育资源，生活给予了我们无尽的美好追求，教师生活因为魅力而美丽。"我们每天拥抱一轮新的太阳，同时，我们更是每天面对着个性迥异的孩子，拥有无限潜力的生命"，因此，我们的教育生活不是单一的、不是重复的、不是彩排过的，是拥有无限可能的。

师者，理应是一个有信仰之人，只有有信仰的教师才能做好这份有信仰的事业。师者，理应是一个幸福之人，只有有信仰的教师才能成为幸福的教师，才能过幸福的教育生活。

罗丹说："工作就是人生的价值，人生的欢乐，也是幸福之所在。"教师的幸福，来自一声声真挚的"老师好"；教师的幸福，来自一次次的课堂对话；教师的幸福，来自每一位学生的进步……当我们对所做的事产生强烈的认同感，我们就会产生一种信念，就会赢得一种幸福。而这种幸福，只有自己才能体会、才能享受。

做有信仰而幸福的老师，"以现在求证未来，让生命幸福完整"。

做有信仰而幸福的老师，"每一个普通的时刻，都会焕发不一样的光彩，每一个平凡的日子，我们都能与幸福相伴"。

21. 名师成长的五个"有"

在一次宁波市骨干教师培训活动中，浙江省特级、正高级教师郭昶为我们做了题为《为教而教，转知为识——名师成长的科研之路》主题报告。久仰郭老师之大名，却是第一次见"真人"。两个半小时的讲座，干货满满、收获多多。要成为一名"名师""特级""正高"着实不易，这一路的奋斗、一路的研究、一路的收获……是未曾经历者绝不能体会的。如何走好专业成长之路，如何走上名师之路，如何成为更好的自己？我想郭老师的分享，是非常值得我们去品味、去思考、去践行的。

"有学生"是名师成长之根。教育的对象是学生，教师因学生而存在。心中没有学生的老师，不能称之为真正的老师。老师无论走到什么位置、什么层次，心中必须装着学生，必须对每一个学生负责，对每一节课堂负责，要始终把"研究学生"作为工作的第一要义。朱永新说"好教师的最大成就，不仅是帮助最好的学生迅速成长，也是帮助落后的孩子得到最大发展。"学生成长了，才是老师真正的成长。因此，郭昶老师在讲座中强调要"勤学习"，要树立"为教而教"的学习意识，要树立"因材施教"的学情意识，要树立"学以致用"的实践意识。只有教师不断学习，才能以更好的教育方法、更科学的教育理念促进学生的成长。借用杜威的话来说，"如果我们用过去的方法教育今天的学生，那么我们就是在剥夺他们的未来"。教育不仅要面向当下，更要面向未来。名师成长，更要成为学生"明日"之师。

"有自我"是名师成长之本。陶行知说"仿我者死，创我者生"。每个人都是独一无二的，每个人都有自己的思想、自己的特点。名师成长，需要模仿、需要借鉴，但一味地"仿"、全面地"仿"，也只能成为别人的"影子"。教育的目的是让学生成为更好的自己，对老师而言，也是要成为更好的自己。要真正成为自己，就需要创造自我。如何创造自我？郭昶老师提出了一个关键词——"研究"，要有"穷则思变"的创新意识，要有"成本突围"的钻研意识，要有"比较分析"的思辨意思。而研究的对象，就是"我"的学生、"我"的课堂、"我"的班级、"我"的学科、"我"的学校……可以研究、值得研究的"一切"。朱永新认为，一个人要取得成功有两个重要的前提：一个是追求成功，一个是相信自己能够成功；一名理想的教师，应该不断地追求成功，设计成功，而更重要的是要撞击成功。而要取得成功，唯有"坚持"二字。

"有学理"是名师成长之要。陶行知说："教育的作用，是使人天天改造，天天进步，天天往好的路上走；就是要用新的学理，新的方法，来改造学生的经验。"教师本身就是一名学习者，要给学生一碗水，自己要有一桶水，甚至是拥有源源不断的活水。如何让自己保持"活水"的状态？这就需要教师走出舒适圈，不断地加强学习，做到"苟日新、日日新、又日新"。名师成长，不能故步自封、不能墨守成规，不能守着"一桶水"而自满、自乐、自足。有学理，既要守正，守住教育之本、遵循教育之规律，又要创新，坚持与时俱进、破旧立新。正如郭昶老师说的，要树立"持续改进"的发展意识、"处处皆教育"的资源意识。新课程、新课标指引新教学、新课堂，新教法、新学法改变旧教法、旧学法，皆是教师当学的"学理"。

"有影响"是名师成长之力。名师成长，不是孤芳自赏；名师成长，不是自我陶醉。学生要被看见，教师也要被看见。"有影响"不是功利的"宣传"，不是满身的"荣誉"，而是在学科专业的影响，在教学理念的影响，在教学成果的影响。苏联著名教育家赞科夫说："没有个人的思考，没有对自己经验的寻根究底精神，提高教学水平是不可思议的。"要提高教学水平，扩大影响力，就不能只把思考停留在头脑里，而应该把这种思考生成"研究成果"，让更多人看见自己的思考，与更多人分享自己的思考，正如郭昶老师提出的"聚沙成塔"的物化意识。魏书生在《家教漫谈》提到教师要"边教学、边研究"，走上科研之路，成为研究型教师，才能更好地助力名师成长。这既是教师专业发展的过程本身，也是促进教师专业发展的重要过程。

"有设计"是名师成长之路。成为名师，并非偶然，也非必然。但要想成为名师，必须要有自己的"设计"，这个"设计"就是职业发展规划，就是职业发展目标。姚跃林在《安静做真实的教育》一书中提到，"如果我们在从教的起始点就做一个长远的规划并努力实施，专注于此，就一定能够成为富有智慧而又快乐的好老师。"没有规划，何来方向。教育不是"当一天和尚，敲一天钟"，教育不是"简单、机械的流水线生产"。教育要过"五彩缤纷"的生活，教育要过"向往未来"的生活。有自我"设计"的成长，是有目标的成长、有方向的成长、有力量的成长；有自我"设计"的成长，是有努力的成长、有积累的成长、有收获的成长。

此时，我想起了罗树庚校长在《迷恋专业成长：让教育充满智慧》一书中写到的"真正的名师、大师应该属于那些潜心探寻教育规律、心无旁骛进行学术研究的老师；真正的名师、大师应该属于那些被学生喜欢、被家长认可的'好教师'；真正的名师、大师应该属于那些边教书边著书立说、什么头衔都没有的'无冕之王'。"正如朱子所言"主一无适便是敬"，我们也能成为"名师"。

22. 教师的"卓越"，在于生命的觉醒

人民教育家于漪老师在谈教育家精神时说："卓越教师成长的根本，在于生命的高度觉醒"。何为卓越教师？我想，卓越教师不一定是学识超群、著作等身、享有盛名的教师，卓越教师也可以是与时俱进、不断探索、潜心钻研、默默奉献的"无名"教师。当然，无论是谁，能成为卓越教师，他们的生命一定是高度觉醒的。

我认为，觉醒，是一种自觉，一种醒悟，一种觉悟；觉醒，是一种独立，一种求索，一种情怀。

教师的卓越，在于对课堂教学的"觉醒"。课堂是教师的主阵地，是教学的生命场，是师生共同成长的沃土。卓越教师的课堂，是以学生为本的课堂，是以学生为主体的课堂，让学生成为课堂的中心、成为课堂的主人；卓越教师的课堂，是幸福的课堂，是真实的课堂，让学生在课堂上享受幸福，在课堂上寻求真理。要成为卓越的教师，必然会对自己的课堂教学有所思考、有所追求。卓越的教师，一定会抛弃"满堂灌"的课堂，一定会拒绝"表演型"的课堂，一定会摒弃"低效""无效"的课堂。我想，每一个追求卓越的教师，也一定会追求卓越的课堂，一直前行在探索"价值课堂""智慧课堂""素养课堂"的道路上，让课堂成为培育素养的基地。

教师的卓越，在于对专业发展的"觉醒"。朱永新说"对于一个真正的教师而言，当他停止专业发展之时，也就是他的教育生命开始衰老之时"。专业发展是教师教育生命发展之本，只有教师的专业得到了发展，学校才能发展得更好，学生才能发展得更好。卓越的教师，不会把职称评审、学术荣誉作为发展的目标，而会将其视为发展的垫脚石、成长的台阶。卓越

的教师，不会沉迷于写论文、做课题，而会将其视为自我的反思、改进的策略。教师的卓越，是不带私心、不求功利的，体现在自然而然的成长，体现在追求利于学生、利于学校的成长。教师的卓越，是主动的、是自主的，更是共进的，这种卓越不是一个人的"卓越"，而是能带动一群人的"卓越"。

教师的卓越，在于对教育事业的"觉醒"。教育是国之大计、党之大计，不是学生一时的得失，不是考卷呈现的分数。卓越的教师，是把教育作为自己的事业、志业的，是对教育充满热爱、充满激情的；卓越的教师，把教育视为自己的理想、自己的生命，是无比虔诚、无比向往的；卓越的教师，是不忘立德树人初心，牢记为党育人、为国育才使命的"大国良师"，是有理想信念、道德情操、育人智慧、躬耕态度、仁爱之心、弘道追求的"教育家"。教育是塑造人、发展人的事业，卓越的教师追求培养爱国者、报国者、强国者；教育是面向社会、面向世界、面向未来的事业，卓越的教师追求培养时代所需、世界所需和未来所需之人。

亚里士多德说过，善有外在的善、身体的善和灵魂的善，灵魂的善是真正的最具卓越意义的善。教师的卓越，在于觉醒，在于自我的觉醒，在于灵魂的觉醒，在于自我生命的高度觉醒。只有当教师理解了"培养什么人""为谁培养人""怎么培养人"，才能走向卓越；只有当教师对教育的本质、教育的目的开始觉悟，才能真正成为卓越。

作者在"定塘中学首届班主任节"担任活动主持，拍摄于 2019 年 4 月 30 日

23. 做一个教育的"迷恋者"

加拿大阿尔伯塔大学教育学教授、现象学教育学的开创者之一，美国教育协会"课程和教学终身成就奖"获得者马克斯·范梅南曾指出，教育学是迷恋儿童成长的一门学问。何为教育的迷恋？我认为，就是对自己所从事的这份职业的高度认同，对自己的学生全身心投入，对自己所教学科的热爱、钻研，对自己的课堂沉浸式享受，是几近于"痴迷""沉醉""乐此不疲"的状态。

迷恋教育之崇高。《周书·卢诞传》有云"经师易求，人师难得"。在人工智能极速发展的今天，"经师"是最容易被取代的，而"人师"是永存的。作为教师，不仅要有"经师"的学问，更要有"人师"的崇高。正如曼德拉所言："教育是最强有力的武器，你能用它来改变世界。"教育的崇高，在于"教育是培养人的事业"，是"使人成为人""使人成为更好的人"；教育的崇高，在于"教育是一种唤醒"，是唤醒每一个人的生命感、价值感；教育的崇高，在于"教育是民族振兴、社会进步的基石，是提高国民素质、促进人的全面发展的根本途径，寄托着亿万家庭对美好生活的期盼"；教育的崇高，关系着人类文化的传承、世界文明的发展，回望着"过去"、影响着"现在"、牵动着"未来"。

迷恋课堂之丰富。叶澜说："课堂应是向未知方向挺进的旅程，随时都有可能发现意外的通道和美丽的图景，而不是一切都必须遵循固定线路而没有激情的行程。"课堂，不是单向输出之地；课堂，不是一成不变之地。课堂是灵动的、是多变的，是充满未知的；课堂是生疑、提问、解惑、启智的，是充满激情的；课堂是社会的、是生活的，是充满味道的。这里有丰富的学科知识，有生动的师生对话，有真实的教学故事，有灵活的教学机制……课堂的丰富，在于知识的无限性；课堂的丰富，在于学生的差异性；课堂的丰富，在于生成的未知性；课堂的丰富，在于活动的创造性。课堂上，有意外的惊喜，有成功的喜悦，有收获的幸福，有失败的遗憾。

迷恋成长之魅力。朱永新说："教育的生命，真正意义是与孩子一起成长；自己的生命，只有扎根在教室里才能不断汲取营养；对于一个真正的教师而言，当他停止专业发展之时，也就是他的教育生命开始衰老之时。"可见，所谓专业成长，只有与学生在一起，只有扎根于课堂教学，只有保持专业研究，才能真正被称为教师的专业成长。而教育之成长，本身就是双向的，是师生彼此成就的。正所谓"教学相长"，教师可以促进学生的成长，学生也可以促进教师的成长。没有教师的成长，就难有学生的成长；没有学生的成长，教师的成长也不是真正的成长。成长是一段师生一起憧憬、一起冒险的旅程，成长也是一段师生拾级而上的行程，成长是充满魅力的。

罗树庚在《迷恋专业成长：让教育充满智慧》一书中提到："有入世之心，以天下苍生为己念，不以物喜不以己悲；有出世之心，坐看庭前花开花落，笑望天上云卷云舒，超然于世外，潜心于事业之本身，都是真正的教育家。"我想，真正的教育家一定是一个教育的"迷恋者"。

做一个教育的"迷恋者"，让教育充满智慧；做一个教育的"迷恋者"，让教育充满温暖；做一个教育的"迷恋者"，让教育充满力量。

作者参加宁波市道德与法治学科骨干教师培训，拍摄于 2023 年 12 月 26 日

24. 教育，是一场双向奔赴

《礼记·学记》："是故学然后知不足，教然后知困。知不足然后能自反也，知困然后能自强也。故曰教学相长也。"教与学是相互作用的，是相互促进的。而陶行知也曾说过，先生创造学生，学生也在创造先生，学生先生合作而创造出值得彼此崇拜之活人。也就是说，教育本身就是，也理应是一场双向奔赴。

育人者，需"自育"。所谓"学高为师，身正为范"，要落实立德树人的根本任务，首先师者当有"师德"，当成"师范"。教师无德，何以育德？教师无才，何以育才？教育之旅，本身就是教师的一场修身、修心、修行之旅。在教育的过程中，教师需要做学生的思想工作，需要"惩前毖后"，需要"以情动人""以理服人"。每一次与学生的交谈，也是与自我的交谈。苏霍姆林斯基说："你是生活在人群中。不要忘记，你的每一个行为，每一个愿望都会影响周围的人。"作为教师，当时刻注意自己的言行，因为教师可以"诲人不倦"，也可以"毁人不倦"。

教学者，需"自学"。苏霍姆林斯基说，"教学仅仅是教育这朵花上的一片花瓣而已"。如何让教学这朵花瓣开得更鲜艳，这就需要教师在"自学"上下功夫。教师的"自学"主要表现在，提升理论水平、实践水平，提高教学设计能力、课堂把控能力，增强教学技术、教学艺术，丰富教学经验、教学方法……唯有教师自身胸有成竹，方能在教学中得心应手；唯有教师自身功底深厚，方能在教学中驾轻就熟。苏联著名教育家赞科夫曾说："没有个人的思考，没有对自己经验的寻根究底精神，提高教学水平是不可思议的。"这足见，教师"自学"的重要性。

教育，要奔赴在每一次的"相遇"中。教育是生命与生命的相遇，是师生的不期而遇，从相遇走向相知，从相知走向相伴。德国著名哲学家雅斯贝斯说："教育的本质是一棵树摇动另一棵树，一朵云推动另一朵云，一个灵魂唤醒另一个灵魂。"我们很难说得清，是谁摇动了谁，是谁推动了谁，是谁召唤了谁。或许，应该说教育的本质就是"互相摇动、互相推动、互相唤醒"。正如汤勇在《教育可以更美好》一书中描绘的那样："我们在陪伴孩子、呵护孩子生长的同时，也是在滋养自己，历练自己，成熟自己，更是让自己的内心、自己的精神生命得以长大。在这样的一个过程中，我们和孩子相互慰藉，互为照应，于是便成为彼此生命中的独一无二。"也许，这就是每一次"相遇"的意义吧。

教育，要奔赴在每一次的"对话"中。日本著名学者佐藤学曾经说过，学习是学生同教科书的相遇与对话，同教室里的伙伴们的相遇与对话，同自己的相遇与对话。除此之外，学习还是教师与学生之间的对话。在对话中，发现问题；在对话中，解决问题。在对话中，产生交流；在对话中，碰撞思维。在对话中，求证旧知；在对话中，探索新知。正如巴西著名教育家、哲学家保罗·弗莱雷认为的那样，"没有了对话，就没有了交流；没有了交流，也就没有了真正的教育。"我相信，只有对话，才能实现真正的"双向奔赴"，也只有对话，才能称之为教育。

教育，要奔赴在每一次的"成长"中。教育的目的，是让学生成为更好的自己。对教师而言，也当是如此。教师在教育学生的过程中逐渐成长，学生也在受教育的过程中逐渐成长，因此教育本身就是一种"成长"。正如朱永新说的"教育的生命，真正意义是与孩子一起成长"，没有师生的共同成长，就没有教育的发生。相伴成长，相互成长，才是教育生命该有的样子。成长是努力的状态，成长是奋斗的姿态，成长是向上的常态。只有师生的彼此成长，才是活的教育，才是看得见的教育，才是最美好的教育。

教育，就是一场"双向奔赴"，是师生主动的奔赴，是师生积极的奔赴。

教育，就是一场"双向奔赴"，是师生走心的奔赴，是师生交情的奔赴。

教育，就是一场"双向奔赴"，是彼此成长的奔赴，是彼此成就的奔赴。

2016 届学生（左起：郑早瑄、作者、毛佳怡）来看望作者，
拍摄于 2024 年 1 月 5 日

25. 教育，有"度"

教育有度，"度"在健康。陶行知说，"我们深信健康是生活的出发点，也就是教育的出发点"，一切以牺牲孩子健康为代价的教育都是伪教育，都是非人的教育。孩子的身心健康，是教育的底线。没有健康的身心，何来健康的人生；没有健康的人生，何来健康的未来。教育是对孩子生命的尊重，是对孩子成长的尊重。漠视孩子的健康，就是漠视生命、泯灭人性、阻碍成长。

教育有度，"度"在自由。自由是时间上的自由，是空间上的自由。正如朱永新说的"作为教师，关键要给孩子自由，给他时间，给他空间。你给他一个舞台，他就能还给你一个精彩；你给他一点空间，他就能为你创造无数辉煌。"孩子不是任何人的"宠物""附庸"，他们是一个个鲜活的、自由的个体。教育不能束缚孩子的自由，而应该为孩子创造更多自由的时间和空间，让他们自由的思考、自由的探索、自由的合作，尽情地享受教育之美，享受教育之乐。

教育有度，"度"在目标。教育要承认差异，尊重差异。每个人都有其擅长的一面，又有其薄弱一面。"树木有高低，手指有长短"，教育不能使每个人成为一样的人，也不可能使每个人达成一样的成就。教育的目的在于使每一个孩子成为更好的自己，而不是成为别人。教育应该帮助每一个孩子树立适合自己的目标，教育应该引领每一个孩子努力实现自己的目标，这是教育的温度，也是教育的尺度。

教育有度，"度"在课程。习近平总书记多次强调，课程教材要发挥培根铸魂、启智增慧的作用。课程要聚焦中国学生发展核心素养，培养学生适应未来发展的正确价值观、必备品格和关键能力，引导学生明确人生发展方向，成长为德智体美劳全面发展的社会主义建设者和接班人。每一门课程都有其独特的价值，每一门课程都有其特有的内容，事关"立德树人"的根本任务，事关"培养什么人""怎样培养人""为谁培养人"。教育不能因为学科分数不同、评价要求不同而对课程区别对待。

教育有度，"度"在作业。汤勇在《教育可以更美好》一书中说："我们的作业不应该再是重复单调，也不应该再是大量同质化的训练，而应该是量身定制，对症施治，有针对性地设计。"而环顾当下学生作业现状，又有多少老师真正思考过作业的价值、作业的数量、作业的质量等问题？作业不是越多越好，也不是越少越好。从某种程度上说，把大量的作业视为提高学生学习成绩利器，是教师最大的"懒惰"；把学生视为写作业的机器，是教师最大的"无知"。

教育有度，"度"在家庭。英国学者赫胥黎曾经说过："欲造伟大之国民，必自家庭教育始。"家庭是孩子的第一所学校，也是孩子最温暖的港湾。家长要成为孩子精神上的依靠，把拥抱给孩子，把肩膀给孩子。家长要走进孩子的内心，倾听孩子、理解孩子、鼓励孩子、善待孩子。分数、成绩不能成为家庭教育的"主流"，不能成为家庭交流的"主题"。汤勇在《教育的第三只眼：让教育面向未来》一书中说，"如果说学校教育是孩子知识获得的窗口，那么家庭教育则是培养孩子这些良好性格、优良品质、坚韧意志、优秀习惯的关键所在"，家长要肩负起的更多是"育人"。而朱永新也曾说："今天我们对子女的期待不应该是群体世俗意义上的成功，而是个体生命意义上的幸福。"

《道德经》曰：持而盈之，不如其已；揣而锐之，不可长保。意为，求盈求满又想保持，不如适可而止；把锥子捶打得极为锐利，不能长久保持。任何事不能走极端，不要求极致，教育更是如此。教育是面向人的事业，是使人成为人的事业，是使人的生命更美好的事业。教育理应有度，教育必须有度。

26. 教育需要的不是"内卷"，而是"自然卷"

当前，"内卷"一词已然深入教育之中，教育"内卷"成了一种常见而又不正常的现象。从某种程度上来说，"内卷"其实就是不良竞争、无序发展，"内卷"最终导致"内耗""互损"。教育需要的不是"内卷"，而是"自然卷"。

所谓"自然卷"，是一种自主、自觉地发展，是遵循规律的成长。自然，是一种状态，也是一种境界，是习惯成自然、顺其自然、自然而然。

《道德经》曰：孔德之容，惟道是从。意为，有大德气质和形象的人，会坚定地按照大道来行事。而教育之道，就是教育规律。只有认识教育规律、理解教育规律、遵循教育规律，并按照教育规律行事之人，才能成为"大德"之人。

教师成长亦有成长之道。作为教师，需要在专业成长上"自然卷"。教师的专业成长，离不开课堂，上好课是教师的专业底线。正如罗树庚在《迷恋专业成长：让教育充满智慧》一书中提到的"课堂对于教师而言，犹如战士坚守的阵地，又如边防官兵守护的疆土界碑，犹如医生坚守的手术台。"教师当以敬畏生命般敬畏课堂。如何把课上好？需要教师不断地学习、观摩、实践，努力分析学情、精心撰写教案、尽情展示课堂、潜心反思教学。在优秀的课例中汲取经验、在失败的课例中吸取教训，集众家之长、补自家之短。

教师的成长，离不开教育研究。教师要以研究之心思考教育，以研究之行改进教育。苏霍姆林斯基说："如果你想让教师的劳动能够给教师带来乐趣, 使天天上课不至于变成一种单调乏味的义务, 那你就应该引导每一位教师走上研究这条幸福的道路上来"。教育研究是教师专业成长的垫脚石, 需要持续地"输入"和"输出"。"输入"需要阅读, 正如苏霍姆林斯基指出的"读书, 读书, 再读书——教师的教育素养的这个方面正是取决于此。要把读书当作第一精神需要, 当作饥饿者的食物。要有读书的兴趣, 要喜欢博览群书, 要能在书本前面坐下来, 深入地思考。""输出"需要写作, 正如罗树庚说的"写作是教师最美的姿态。因为写作能让你变得更富有洞察力, 写作能让你变得更加理性, 写作能让你的思维变得更加缜密, 写作能让你快速提升为师的本领, 写作也是你过一个完整、幸福教育人生的最好方式。"

孩子成长亦有成长之道。成长应该是自然的生长、内涵的发展, 是一种"自然卷"的状态, 而非无序、不良的"内卷"。作为学校、老师和家长, 要引领孩子走上"自然卷"之路, 而非把孩子带向"内卷"剧场, 也非给孩子增设"内卷"环境。教育, 首先是对孩子的认识。正如苏霍姆林斯基所说"不了解孩子, 不了解他智力发展、思维特点、兴趣爱好、才能、禀性、倾向, 就谈不上教育。"只有研究孩子、了解孩子, 才能知道如何教育, 才能真正实现差异教育、个性教育。正如陶行知所言"培养、教育人和种花木一样, 首先要认识花木的特点, 区别不同情况给以施肥、浇水和培养教育。"教育孩子必须尊重孩子的成长规律。每个孩子都有属于自己的成长规律, 属于自己的"花期"。"品种"不同, 则规律不同; 规律不同, 则教育不同。无论是老师还是家长, 要多一份"静待花开"的耐心, 不急不躁, 不拔苗助长, 不过度、不无度。恰如卢梭认为的——教育是"依照自然的法则, 发展儿童的道德、智慧和身体各方面的能力。"教育是唤醒, 唤醒每个孩子自我成长的原动力, 唤醒每个孩子自我发展的内驱力。教师当在如何唤醒孩子上下功夫, 正如李政涛教授在《教育常识》中说的"教师要为种子的唤醒提供适当的土壤和水温, 一旦时间成熟, 种子就会破土而出, 长出本应该属于他自己的理想模样。"

教育需要"卷", 但不是"内卷", 而是"自然卷", 是一种遵循自然规律的"卷"，是一种尊重教育规律的"卷"。诚如裴斯泰洛齐说的，"人的全部教育就是促进自然天性遵循它固有的方式发展的艺术。"以"自然卷"破"内卷"，以"自然卷"成教育之美、教育之态。

27. 青年教师成长 "四忌"

百年大计, 教育为本; 教育大计, 教师为本。习近平总书记曾强调, "教师是立教之本、兴教之源, 承担着让每个孩子健康成长、办好人民满意教育的重任。"没有教师的成长, 何来学生的成长, 何来教育的高质量发展。

那么青年教师该如何成长呢? 美国心理学家波斯纳曾提出教师成长的公式: 成长 = 经验 + 反思。经验和反思两者缺一不可, 只有经验没有反思, 只是经验的累加; 只有对经验进行不断的反思, 才是 "内涵式" "生长式" 的成长。反思就是一种思维, 正如汤勇在《做一个卓越而幸福的教育者》一书中说的 "教师要具备成长思维, 持续奔跑, 持续努力, 持续成长, 这是一个教师最绚丽的风姿, 最美丽的状态, 最豪迈的人生。"

每个教师都希望成为更好的自己, 每个教师都希望在一定领域取得成功、有所成就。但是, 教师的成长不是一蹴而就的, "合抱之木, 生于毫末; 九层之台, 起于累土; 千里之行, 始于足下", 我们不妨从《道德经》中学习教师如何以更好的姿态成长。

《道德经》曰: 企者不立, 跨者不行, 自见者不明, 自是者不彰, 自伐者无功, 自矜者不长。"企者不立, 跨者不行"意为踮起脚尖站立的人反而站不稳, 大跨步前进的人反而走不远。"企者"想看得更高、望得更远, 反而不能站稳; "跨者"想走得更快、走得更远, 反而不能走好。无论是"企者"还是"跨者", 都将"欲速则不达"。这样的人往往有四种表现, 即"自见""自是""自伐""自矜", 这是青年教师成长必须忌讳和摒弃的。

自见者不明。自见者, 通常指喜欢自我表现的人, 也可以是指只见自己、不见众人，固执已见的人。不明，可以理解为不明智，也可以理解为越想表现越难以展现。作为教师，尤其是年轻教师，往往有较强的表现欲望，渴望在领导面前表现自己的工作能力，渴望在同行面前表现自己的业务能力，渴望在学生面前表现自己的教学能力。这种表现欲，从某种程度上说是为了获得认可和赞赏。但是，一味地为了表现而表现，就会形成名利心、滋生虚荣心，给人轻浮之感，也会授人以柄，成为"众矢之的"。同时，为师者当善于听取他人的建议，善于主动学习，切忌一意孤行、故步自封，正所谓"兼听则明"。

自是者不彰。 自是者，即自以为是的人。这样的人，往往名声不好、声望不高。苏霍姆林斯基说："人，最大的胜利就是自己征服自己的胜利，要想征服自己，首先就得正确认识自己。"只有正确认识自己，才能找准自己的定位、知道自己的不足。自是者，往往是主观性很强，不懂谦虚的人；自是者，往往自命不凡、自作聪明的人。作为青年教师，要时刻谨记"山外有山，人外有人"，专业发展是没有天花板的，是上不封顶的。没有人会说自己是最强者，也没有人永远是最强者。越自以为是，越什么都不是。

自伐者无功。 自伐者，就是自我夸耀之人。这样的人，往往是没有功劳、没有功德的，也是不被认可的。现实生活中，我们往往会看到有的老师"自吹"：是因为"我"改变了这个学生，是因为"我"成就了这个学生；也会看到有的老师"自擂"：是因为"我"提升了学校的办学质量，是因为"我"让学校名声大噪……其实，越喜欢"自伐"的人，越是缺乏安全感的人。也许"自伐者"确实有"功"，但又生怕他人不知其"功"，他们希望把功劳归于自己，以此提高自己的地位，得到他人的赞赏，刷"存在感"。青年教师不能成为"自伐者"，而要坚持"躬耕笃行、潜心育人"。正所谓"功成而弗居，夫唯弗居，是以不去"。越吹嘘，越会把功劳吹走。

自矜者不长。 自矜者，意指自我骄矜的人，自高自大的人。这样的人，往往是不会长久发展的，也是不会成长的。自矜者，在取得了一定成绩之后就开始妄自尊大，认为自己已经非常了不起，趋于狂妄、趋于傲慢。人一旦开始"自矜"就会"自满"，就会停滞不前，就会失去更多的成长机会。

同时，自矜者，也是自我矜持的人，这样的人自尊心强。比如，有的老师因为一次公开课、一次比赛的失败，就不愿再次登上公开课的舞台，不愿再次参加比赛，从而导致自己失去了很多成长锻炼的机会。所以，青年教师切勿做"自矜者"。

苏格拉底说："未经反思的生活，是不值得过的生活"。作为青年教师，要学会反思、要善于反思、要勤于反思，要经常反思自己是否做到了"不自见""不自是""不自伐""不自矜"。因为只有做到这些，我们才能更好地成长。

28.看见学生的"无"，方能成就学生的"有"

《道德经》曰，"故常无，欲以观其妙；常有，欲以观其徼"。任何事物都具有"有"和"无"两个方面，"有"有其作用，"无"亦有其作用。因此，我们不应执迷于"有"，而忽视了"无"。我们应当超越事物的表面现象——即看得到的"有"，深入事物的本质和内在规律——即看不到的"无"。所谓"无中生有"，有"无"才有"有"，教育亦是如此。

在现实的教育生活中，我们习惯于看见学生的"有"，如他们的学习成绩、作业质量、品行表现等；而往往忽略了学生的"无"，如学生的精神世界、内在需求、性格特征等。站位教育角度，"故常无，欲以观其妙"，是在提醒我们要从"无"的角度看见学生"无"的妙处；"常有，欲以观其徼"，是在提醒我们要从"有"的角度看见学生"有"的边界。

跳出成绩看学生学习的态度。成绩是有边界的，它是用分数来衡量的，用分数来呈现的，而学生的学习态度却是我们常常忽略的。只关心学生分数的教育是冰冷的，是缺乏温度的。作为教师，眼中看到的不应只是分数，还有学生背后的学习态度、学习品质。一个学生的学生成绩如何，与其学习态度、学习品质有直接关系，而分数只不过是学生学习态度、学习品质的阶段性结果而已。试想，一个不求上进、不思进取，每天浑浑噩噩、昏昏欲睡，没有理想目标、没有学习动力的学生，又怎能取得"高分"。因此，教师不能只盯着学生考了几分，而应跳出成绩去思考背后的原因，也就是要更多地去关注学生的学习态度、学习品质。这才是学生面向未来的真正需求。

跳出时间看学生学习的质量。时间是有限度的，一天就 24 小时；学生的精力也是有限的，他们需要休息、需要调整。只关心学生学了多长时间，而忽略学生的学习质量，是不科学的，是违背教育规律的。作为教师，不能以"学得越久成绩越好"的错误理念来对待学生。事实证明，延长学生的课堂学习时间、延长学生的在校学习时间，其效果都是适得其反的。我们应该更多地去关注学生的学习质量，关注学生在课堂上的 40 分钟效率，而"教"的质量又直接影响到了"学"的质量。因此，作为教师要努力提高备课质量，要在"学什么""怎么学""学到什么程度"上下功夫、做研究；要在有限的时间内提高课堂效率、产出课堂价值，使学生学有所获、学有所值；要将活动的时间还给学生，不让学生因时间"被挤满"而失去学习的快乐，要让学生在劳逸结合中学有所乐。这才是面向高效课堂的真正需求。

跳出眼前看核心素养的要求。着眼于眼前的教育，是指向分数、指向升学的短期教育，在某种程度上是"功利"的，因为它只关注学生考了多少分、进入了什么学校。而着眼于未来的教育，是面向生活、面向个性、面向素养的长期教育，是落实立德树人根本任务的本质教育。陶行知说"生活即教育"，脱离生活的教育就不是真教育，离开生活的教育是不完整的教育。柏拉图说，"每个人通过遗传获得的'金银铜'各不相同，因而各自的发展走向也不同"，不尊重个性发展的教育是"工厂式"的教育，不关注个性发展的教育是不公平的教育。核心素养是学生应具备的、能够适应终身发展和社会发展需要的必备品格、关键能力和价值观念，是伴随学生一生的，也是学生受益终身的。因此，作为教师要跳出眼前之"利"，更多关注学生未来之"利"。

教育生活，本就是"有"和"无"的结合。当成绩不再是唯一被看见的标识，当分数不再是唯一被检测的标准，当我们真正关注到了学生的内在需求、关注到了学生的精神世界，才能真正让教育发挥促进生命成长的作用。因为，只有看见学生的"无"，方能成就学生的"有"。

29. 没有师生的高质量生活，就难有教育的高质量发展

党的二十大报告提出，"坚持以人民为中心发展教育，加快建设高质量教育体系，发展素质教育，促进教育公平。"要实现教育的高质量发展，关键在于教师和学生。人民教育家陶行知提出"生活即教育"的理念，他认为"生活教育是给生活以教育，用生活来教育，为生活而教育""是好生活就是好教育，是坏生活就是坏教育"。师生生活的质量状况直接关系到教育的质量，没有师生的高质量生活，就难有教育的高质量发展。

教育的主题是生活。怀特海早在《教育的目的》一书中指出，"教育只有一个主题，那就是五彩缤纷的生活。"离开生活的教育不是真的教育，没有回归生活的教育也不是真的教育。教育的主题不是分数，不是为了考取高分而拼命地做卷、刷题。教育是面向生活的，需要在生活中学、在实践中学、在活动中学，在不同场合学，向不同群体学。只在学校里、课堂上的教育是不完整的，是不健康的，是有缺陷的。教育理应引导学生感受五彩缤纷的生活，理应帮助学生直面复杂多样的生活。

什么是好的教育生活？朱永新说，"当孩子每天对学校充满着憧憬，早晨急迫地想去学校；放学了对学校依依不舍，不想回家；当孩子脸上满是笑容，洋溢着幸福，这就是好的学校，就是好的教育生活。"对老师而言，亦是如此。反之，就不是好的教育生活。

老师有老师的生活，有需要照顾的家庭、有需要处理的家事，有自己的朋友圈、有自己的私生活。倘若一个老师的生活被学校工作充斥、被学生成绩占据，他就难有时间享受自己的生活，难有精力提升自己的生活品

质。而没有"生活"的老师，他的生活必然不会精彩，又何以教育学生过精彩的"生活"。

学生有学生的生活，需要休息、需要娱乐、需要劳动，需要开阔眼界、增长见识。他们也有自己的朋友圈，也有自己的课余生活。倘若一个学生的生活被作业、试卷、分数吞噬，他就难有时间体会生活的精彩、色彩。而没有"生活"的学生，他们的生活必然是暗淡的，又怎能过好教育生活，又怎能提高学习质量。

教育的基础是健康。身心健康是生活的基础，也是教育的基础。没有健康的身心，就没有健康的生活，就难有高质量的教育。怀特海说过："一旦你忘记了你的学生是有血有肉的，那么你就会遭遇悲惨的失败。"学生不是机器，不是永动机，是有血有肉的人。如果我们的教育仍是以牺牲学生的健康为代价，这样的教育必然是失败的。同样，作为学校管理者，如果忘记了老师是有血有肉的人，让老师倾全力、全时投入工作，那么这样的管理者也注定是失败的。

师生的假期是法定的，也是特定的。人不可能永久地处于工作、学习状态中，是需要时间休息和调整的。周末、法定节假日、寒暑假的休养，是为了让师生过更好的教育生活而准备的，任何人都不应肆意剥夺。延长师生的工作、学习时间，占用师生的法定休息时间，不仅是违法行为，更是侵害教师生命健康的行为。试想，当师生带着疲惫的身躯、抱着抵触的情绪进入校园、进入课堂，他们的工作质量、学习质量会高吗？

教育的本质是生命。雅斯贝斯说，教育的本质是一棵树摇动另一棵树，一朵云推动另一朵云，一个灵魂唤醒另一个灵魂。那么，我们不禁要问"是一颗怎样的树""是一朵怎样的云""是一个怎样的灵魂"。倘若是一颗没有生命的树，怎能摇动另一棵树；一朵没有理想的云，怎能推动另一朵云；一个没有信仰的灵魂，又怎能唤醒另一个灵魂。

正如叶澜教授所言，"在一定意义上，教育是直面人的生命、通过人的生命、为了人的生命质量的提高而进行的社会活动，是以人为本的社会中最体现生命关怀的一项事业。"教育的主体和客体都是人，是生活中的人，是鲜活的人，是真实的人，每个人的生命都是独一无二的，都是无法复制的，都是无法重来的。教育的目的就是让生命更美好，就是用生命影响生命、用生命召唤生命、用生命激励生命。

"人无弃人，物无弃物"。每个人都有其存在的价值，生命的意义就在于活出自己的人生，实现自己的价值。贫乏的生命何以使人充盈，冷漠的生命何以给人温暖，教育理应关注师生生命的质量、生命的意义。让每一个师生活出生命的精彩、实现生命的价值，才是教育真正的目的。

教育的高质量发展，离不开师生的高质量生活。只有懂得生活的人，才能享受教育生活；只有热爱生活的人，才会热爱教育生活。只有以生活为主题、以健康为基础、以生命为本质的教育生活，才是高质量的教育生活，才能实现教育的高质量发展。

30. 我做了一个"教育梦"

清晨，梦醒，仍意犹未尽，仍沉浸于梦乡。或许是职业的缘故，我总是做一些与教育有关、与学生相关的梦。朱永新说："一个理想的教师，他应该是个天生不安分、会做梦的教师。"或许，我就是一个不安分的教师，又是一个爱做梦的教师。

有人说，日有所思夜有所梦。日思教育，夜梦教育。亦或许，梦就是心中所想、心中所向，才称之为"梦想"。于是，我努力回想这个梦，努力找回这个梦……

这是一所乡村学校，距离县城约十公里，车程在半小时内；这是一所小规模学校，学生不足两百人，教师约二十人。这里不大，有一幢可以容纳全校学生的教学楼，教学楼上有六间教室，每个班级三十人；有一幢功能齐全、设备完整的综合楼，有实验室、图书室、阅览室、音乐室、美术室、电脑室、录播室，有多间社团活动室，有一个可以容纳全校师生的报告厅；有一幢室内体育馆，一楼是运动，二楼是餐饮；有一两幢宿舍楼，一幢是学生住的，一幢是老师住的；还有标准的 400 米跑道，以及一亩地。

同事们的工作量不大，课时量按照上级有关规定执行，没有多余的课。学生每天八节课，上午四节，下午四节。每天上午都有四十分钟的大课间活动，每天中午都有半小时的午休，每天下午都有自习课或是活动课。每周都有一节劳动课，能经常看到学生在那一亩地上"耕种"。

这里的老师很敬业，经常看到他们认真备课、及时批阅作业的身影，也经常看到他们与学生耐心谈话、挨个辅导作业的情形。这里的老师很好学，经常看到他们阅读教育专著、文学作品、历史书籍……几乎人手一本教育类期刊，偶尔外出学习，不时与同事交流教育教学的话题。这里的老师也比较悠闲，有属于自己的运动时间，有属于自己的劳动时间，也有属于自己的娱乐时间。忙而有序，闲而有事。同事之间感情很好，竞争少、合作多，互相推诿少、互相鼓励多，不抢荣誉、不争名利，偶尔还会一起聚聚，享受工作之余的闲暇时光。

这里的学生很纯朴，没有攀比心、没有功利心，没有奇装异服、没有娇生惯养，没有戾气、没有痞气。这里的学生很友善，懂得尊敬师长、友爱同学，懂得呵护花草、照顾弱小。这里的学生很爱运动，篮球场、跑道上，皆有他们的身影；这里的学生很爱劳动，教室卫生、寝室卫生、包干区卫生都很整洁，不仅能耕好学校的一亩地，还能在家里承担一些劳动。这里的学生很上进，虽然他们的基础较弱，但是他们好学、好问，课上有全神贯注的参与、课后有三五成群的研讨。这里的学生也有属于自己的时间，学校不仅安排了完成作业的自习课，也安排了增长知识的阅读课、锻炼体能的活动课……他们的作业不多，几乎都能在校内完成。

学校管理很人性化。没有过多的会议，一般是期初一次、期中一次、期末一次。没有严格的考勤，实行弹性上班，老师们可以因为家事晚一步到校，也可以早一步离校，偶尔还有一些特殊的"私人订制"假期，当然这是因为老师们的敬业和自觉。学校极少有临时性和应付性的工作，校长早在期初就已经将一学期的重点工作清单列出，将各项上级要求的工作融入。各科室也不会为考核而加班，因为所有的工作都在平时已经完成，这也让各科室负责人能够将更多的时间投入教育教学、投入专业成长。

这里没有早自习，学生都能保证充足的睡眠、吃饱营养的早餐，乘坐公交车"悠然"地在八点之前到校，不慌不忙，每天上课的精神状态也因此而特别好。这里没有晚自习，虽然有学生宿舍，但已经没有住校的学生，宿舍变成了学生午休的地方。这里很少有家长接送，因此校门口不存在拥堵现象。学校每天都是下午四点半放学，学生都能赶上公交车，不急不躁地回家。这里也没有托管服务，老师和学生都拥有完整的周末、完整的假期。每天下班后，有的同事回到县城，投入家庭生活；有的同事住在学校，专注于自己的专业发展。

在校园里，随处可见孩子们天真烂漫的脸和真诚可爱的笑容；在教室里，一双双渴望知识的眼睛看着你。这里的每一个人，都知道成绩重要，但他们也知道成长、成人更重要。

阳光照进了办公室，温暖如初。铃声响了，上课时间到了，我也醒了！

31.莫让寒假成为学生的"寒心假"

当前，全国中小学陆续开始放假，学生即将迎来期待已久的寒假。寒假虽然比暑假要短，但也有近一个月的时间，还包括了我们的传统节日——春节，更是让每一个学生翘首以盼。但仍有不少地方，不少学校，不少老师，不少家长，把寒假变成了学生的"寒心假"，这让不少学生纷纷吐槽——寒假，乃真"寒"假。

为什么学生会觉得寒假是"寒心假"？一是由于有些学校组织开展了寒假托管服务，让假期的时间缩短了；二是由于有些家长为孩子安排了寒假培训班，让假期失去了"假"的味道；三是由于有些老师给学生布置了较多的寒假作业，甚至可能是超过平时在校学习时的作业量，影响了学生假期的"质量"。

寒假，是学生经过一学期长时间学习所"等"来、"盼"来的假期，是给学生做适度调整、休养、放松的。寒假不能成为学生刚走出学校，又回到学校的假期；寒假不能成为学生刚走出教室，又走向培训班的假期；寒假不能成为学生作业的堆积区。

汤勇在《教育可以更美好》一书中说道："正如一根长期紧绷的橡皮筋，慢慢地就会失去弹性一样，让孩子一直处于高度紧张的状态，或者对一个孩子潜力的过度挖掘，从某个意义上讲也是对孩子的一种'透支'，孩子终将因失去'弹性'而缺少'后发力'"。人的精神不可能始终处于高度紧张之中，尤其是还未成年的中小学生，他们更需要适当的放松、适当的休息、适当的运动、适当的活动。正如橡皮筋、弹簧，当它们失去了"弹力"，也就失去了作用。所谓"物极必反""物壮则老"，这是自然规律，谁都无法违背，也不能违背。

怀特海在《教育的目的》中说："学生是有血有肉的人，教育的目的是为了激发和引导他们的自我发展之路。"每个学生都有自己将发展、要发展、想发展的路，多给他们一点自由、多给他们一点空间，让他们去思考、去选择、去实践、去探索……我认为，我们要给学生一个完整的寒假，不要让学生"寒心"；我们要给学生一个有质量的寒假，要让学生"暖心"。

寒假，应该是学生真正回归家庭生活的假期。长时间在校学习，长时间过着"披星戴月"的生活，他们已经很久没有与父母好好说一句话，也已经很久没有去看望过长辈、亲朋好友了。家庭，仿佛只是他们晚上睡一觉的地方；父母，仿佛只是给他们做早餐、做夜宵的厨师。他们的生活已经被分数、被成绩、被作业充满，他们感受不到家庭的温暖。而假期，就应该让学生回归家庭，回到父母长辈身边，多一些交谈、多一些互动。父母也要承担起家庭教育的责任，不能把这份与生俱来的责任"推"给学校、"推"给老师、"推"给培训班。"神兽"是带来吉祥的，不是让人恐惧的。父母要主动学习一些家庭教育的理念和方法，让孩子感受到父母的"成长"，真正成为孩子的"贴心人"。假期，可以放松，但不能放纵。因此，作为父母要积极引导孩子做好假期规划，适度的学习、适当的劳动、适切的运动、适合的娱乐，让假期变得更加充实、更加有意义、更加有价值。

寒假，应该是学生真正回归心智自由的假期。假期来了，各学科教师都会布置相应的作业，试卷、作业本、读背、抄写、实践活动、项目化作业、打卡……所谓"形式多样""内容丰富"，仿佛要让学生的寒假"不放假"，又仿佛要让学生在寒假来个彻底的"翻身""超越"。但很少有老师会想"布置什么样的作业""布置多少作业"，也很少有老师会思考"怎样的作业才会受学生欢迎""怎样的作业才能体现作业的价值"。我一直认为，凡是老师不会批改、不会讲评的作业就没有必要布置，凡是机械式的抄写、应付式的打卡也没有必要布置。我主张也提倡教师布置项目化作业、生活化作业、活动型作业、探究性作业，引导学生在学中做、做中学，鼓励培养学生的问题意识、研究意识、合作意识，但同时也要注意把握作业数量和质量的关系。正如余文森教授在《核心素养导向的课堂教学》中指出的，"从学生学习角度讲，要尊重学生的自主性、探索性，释放学生的心智、思维，激发学生的能动性、创造性，从而变认知的困苦为求索的乐趣，变学习的负累为生命的享受。"

苏霍姆林斯基说："育人先育心"。教育，理应如春风化雨般暖心；教育，理应如润物无声般细心。教育，不是"折磨"学生、不是"折腾"学生，不能浇灭学习的热情、不能寒了学生的心。我呼吁：让寒假真正成为学生的完整假期，莫让寒假成为学生的"寒心假"。

32. 做一个"光而不耀"的老师

日本教育社会学者永井道雄曾说："办好教育的关键，第一在教师，第二在教师。"教师是教育的第一生产力，教师是教育质量提升的重要因素，也是学生成长、成才的"关键人"。每个教师都渴望成为教育的一束光，从追随光到靠近光，再到成为光，最后散发光。

在站上讲台之初，做一名"追光者"，以前辈为"光"，随"光"而去、逐"光"而行、向"光"靠近；在站稳讲台之时，做一名"发光者"，以成长为"光"，自带"光芒"、自生"光芒"、自成"光芒"；在站好讲台之际，做一名"发光者"，以自己为"光"，点亮他人、聚集他人、成就他人。

教育的追光者，追的是教育理想之光。正如朱永新所言，理想的教师的第一个条件，就是要有教育理想。我想，教育理想就是一束光，一束持久而不可磨灭的光，而且这个光是"光而不耀"的光。

《道德经》曰："圣人方而不割，廉而不刿，直而不肆，光而不耀。"意为，有智慧的人处世方正而不生硬，有棱角却不伤人，直率却不放肆，光亮却不耀眼。"光而不耀"的老师，一定是智慧的老师、一定是"圆形"的老师，有光芒却内敛，有光芒但不刺眼、有光芒也不炫耀。

"光而不耀"的老师，是育人巧手。教书育人是教师的天职，教书是手段，但根本在于育人。而育人，最需要智慧。而这种智慧，就是润物细无声的智慧，是"处无为之事、行不言之教"的智慧。正如李希贵在《为了自由呼吸的教育》中说的："教育无痕，有效的教育是把教育目的隐藏起来的教育，是不动声色的教育。"作为教师，不能觉得自己是师长，就以自身职业带来的"光环"去教育学生，而应站在学生的立场、走进学生的心里，要用自己的"光"照亮学生，而非"照耀"学生。这束育人之光，应是温暖的光，而不是耀眼夺目的光；这束育人之光，应是平等的光，而不是居高临下的光。

"光而不耀"的老师，是教学能手。学生是学习的主体，教师是组织者、引导者、助力者。正如汤勇在《为未来而教而学》一书中说："以生为本的课堂主要体现在以学生的主体为本，以学生的成长为本，以学生的尊严为本，以学生的身心健康为本，以学生的全面发展、全体发展、个性发展为本。"课堂作业虽然是教师教学的主阵地，是教师教学水平展现之地，但其主体永远也始终是学生。教师的教学水平不是仅仅体现在教学成绩上，更体现在教学技术、教学水平上。体现在教师是否关注全体学生，体现在教师是否关注"轻负高效"，体现在教师是否关注"学生主体"。作为教师，要把每一个学生看在眼里、放在心里，要努力让每一个学生对学习"发光"。作为教师，要把每一个学生放在课堂中央，甘作嫁衣、甘为绿叶，不炫耀自己的水平、不炫耀自己的才华。

"光而不耀"的老师，是业务高手。朱永新在《致教师》中说："对一个真正的教师而言，当他停止专业发展之时，也就是他的教育生命开始衰老之时。"教师只有在专业成长之路上不断探索，才能使专业不断地可持续发展。也只有教师专业的不断发展，才能破解"职业倦怠感"之惑，才能促进学校不断地发展、学生更好地成长。作为教师，参加业务比赛，不应以获奖为目的，而应为自己的成长保持一种钻研的状态，一种"持而不盈"的姿态。教师无论获得多高的奖项、多大的荣誉，无论多少光彩夺目，都不能张扬、不能炫耀，不能让人感觉刺眼。有"光"的教师要保持内敛、谦逊的态度，才能走好专业发展之路，才能"温润如玉"，方能真正成为"光而不耀"的老师，成为给人温暖、带人成长的老师。

习近平总书记强调："教师的职业特性决定了教师必须是道德高尚的人群。合格的老师首先应该是道德上的合格者，好老师首先应该是以德施教、以德立身的楷模。"教师只有"光而不耀"，才能成为道德高尚之师，才能成为"以德施教、以德立身"的楷模。

33. 教育之美，美在"各美其美"

著名社会学家费孝通先生曾说："各美其美，美人之美，美美与共，天下大同。"意思是，人们不仅要懂得欣赏自己创造出来的美，还要包容和欣赏别人创造的美，然后将各自之美和他人之美有机结合，就会实现理想中的大同美。

所谓"各美其美"，就是一种对自我之"美"的认同；"美人之美"，就是一种对他人之"美"的包容、尊重和欣赏；而"美美与共"，就是自我之"美"与他人之"美"的和谐共存。

何为"美"？美是一种意境，美是一种感觉。美是没有统一标准的，美是没有固定形式的。美是令人心驰神往的，美是让人心旷神怡的。美就是美，一种说不出的"美"；美就是美，一种道不明的"美"。

何为教育之"美"？教育之美，就是美在"各美其美"，美在能"美人之美"，美在能"美美与共"。只有如此，方能实现教育之"天下大同"。

就学校而言，每一个学校都是一个"特色学校"，有其底色、本色，有其独特的"味道"；每一个学校都是一个"小环境"，有其"天时"，有其"地利"，有其独一无二的校园生态。学校发展，不能盲目模仿，亦不能完全照搬。乡村学校有乡村学校的"美"，城郊学校有城郊学校的"美"，城市学校有城市学校的"美"。若以城市学校为标准，乡村学校、城郊学校就会失去自我。若互相模仿、互相糅合，每个学校都会迷失自我。学校只有基于自己的传统、自己的文化而谋定的发展，才是自己真正的发展；学校只有基于自己的现状、自己的基础而设定的目标，才是自己真正的目标。脱离自我而行之，反而会失去"特色"、破坏"生态"，因而也不能成其美，犹如东施效颦。

就教师而言，每个教师都是一个独立的个体，专业不同、经历不同、阅历不同、性格不同、风格不同……同时，每个老师的专业成长路径不一、擅长领域有别、上课风格各异。我们不能用同一标准衡量不同的老师、评价不同的老师，我们亦不能用同一个"模子"打造不同的老师。教师之美，美在能找到适合自己的专业成长之路，并在这条路上不断探索、不断奋进；教师之美，美在能投身适合自己的擅长领域，并在该领域扬长避短、有所成就；教师之美，美在能形成适合自己的上课风格，并在课堂上尽情享受、尽情挥洒；教师之美，美在能探索每一个学生的个体差异，并对学生因材施教……北宋哲学家张载说过："志大，则气大，事业大；志久，则气久，德性久。"有志的教师是美的，有德的教师更美。当每个教师都成长为更好的自己，也就成了最"美"的教师。

就学生而言，每个学生都是成长中的人、发展中的人，每一个学生"生而不同"。正如德国教育家第斯多惠所说："应当考虑儿童天性的差异，并且促进独特的发展。不能也不应使一切人都成为一模一样的人，并教以一模一样的东西。"世界因不同而美，教育也因学生不同而美、因学生差异而美。康德说："教育使人成为人。"教育的本质是培养人，是基于人的差异而培养的人；教育的本质是生命，是对生命的理解、对生命的尊重、对生命的唤醒。人的发展是多元的，生命的状态是多姿多彩的。苏霍姆林斯基说："正是由于每一个儿童极具差异而丰富的生长背景，教育不得不充分关注这一点，把人看作是生气勃勃的具体的人，从而要求教育活动向个别化迈进。"因此，教育要承认差异、尊重差异、发展差异；教育要承认个性、尊重个性、发展个性。只有每一个学生有差异地生长、有个性地成长，才能形成学生之美；只有每一个学生成为更好的自己，才是真正的教育之美。

《道德经》曰：胜人者有力，自胜者强。意为：能战胜别人则证明有力量，能战胜自己的人是强大的。教育，不是战争、不是竞技，不是争输赢、不是"拼个你死我活"。无论是学校、老师，还是学生，都应该使自己成为更好的自己，使自己成为更美的自己。

雅斯贝斯曾说："教育须有信仰，没有信仰就不称其为教育，而只是教学的技术而已。"我信仰的教育，就是"各美其美"的教育，是"美人之美"的教育，是"美美与共"的教育。

34. 教育，何以智慧？

当前，随着互联网技术、人工智能技术等的发展，"智慧教育"已经成为教育部门、学校、教师，还有企业、商家等口中和文中的热词。什么是智慧教育？通过 AI 对话软件提问，AI 说"智慧教育是利用先进的技术和创新的教学方法，以提高学生学习效果和教学效率为目标的教育模式。它包括利用大数据分析、人工智能、虚拟现实、增强现实等技术来个性化教学、提供个性化学习路径、增强学生参与度和互动性等"。由此可见，智慧教育其本质是一种技术，目的是改进教学、提高效率。但是，智慧教育不等于教育智慧，用平板教学的课堂不一定是智慧的课堂，有技术赋能的教育不能说明这样的教育就有智慧。

我非常认同李吉林老师在《情境教育理论探究与实践创新：一切为了儿童的学习》一书中关于智慧教育的描述。她说，教师不能简单地认为运用信息技术就是"智慧教育"；"智慧教育"不是简单地在课堂上播放视频，让儿童看得真切、学得生动；在某种意义上，网络视频过于真切、生动、便捷，无形中会扼杀儿童的想象和智慧。

掌握必要的教育信息技术是可以为教育教学赋能的，但如果我们的教学始终依赖技术，甚至被技术"绑架"，那这样的教学是缺乏艺术、缺乏灵魂的。如果我们的教育也单纯依靠技术分析、数据呈现，那这样的教育也是没有情感、没有温度的。

试想，如果一个老师在学校停电后就不会上课了，那是多么可怕的事情。试想，如果一个老师在上课时一直端着平板、看着屏幕，播放着 PPT

上的视频、图文，等待着下一张幻灯片的出现，与学生之间没有眼神的交流、没有思维的碰撞、没有有效的对话，那是多么可悲的事情。

我曾奔着"智慧教育""智慧课堂"的名头到某校听课。课上，上课老师手中一台平板，教室前方放着一台一体机，学生课桌上每人一台平板，形成"三机合一""三机一体"之态。上课老师的专注度在手中的平板上，因为这是总控，操纵着一体机和学生平板，"三机联动"。学生的专注度在平板上，因为平板上的 PPT 会随时切换。听课老师的专注度在一体机上，因为一体机上的 PPT 会随时切换。而我的专注度在"智慧"二字上。一节课下来，学生长时间对着平板，眼睛甚是疲惫，有的已经昏昏欲睡。上课老师对着平板，滔滔不绝，丝毫没有察觉学生的情况。听课老师议论纷纷，难道这就是传说中的智慧课堂？显然，这是一节低效的课，甚至是无效的课，更不用谈及"智慧"。

教育何以智慧？教育最大的智慧，就是尊重教育内在的规律，尊重学生的成长规律，承认差异、尊重差异、发展差异。正如汤勇在《面向"双减"的教育》一书中所说："教育是一个等待的过程。'十年树木，百年树人'。植物的生长有其自然规律，生根、发芽、开花、结果，这是一个漫长的过程，需耐心等待。每一个孩子摆脱稚嫩，告别无知，健康地成长，都需要一个过程，他们更需要我们怀有一颗爱心，耐心等待。"等待，不是不管不顾，不是不闻不问，而是不急不躁、不慌不忙。每一个孩子都有其自己的成长过程、发育过程，我们不能拔苗助长，也不能急功近利。教育只有循序渐进，才能让孩子渐入佳境。

教育的智慧在于授予学生"渔"之术，"渔"之道，而非授之以鱼。素养时代下，我们的教育已经从"知识核心"走向了"素养核心"，更加关注的是培育学生的核心素养。什么是核心素养？就是指学生应具备的、能够适应终身发展和社会发展需要的正确价值观、必备品格和关键能力。若以"捕鱼"为例，就是学生不仅要知道捕鱼的理论知识，还要拥有捕鱼的实践操作能力，更应该懂得"竭泽而渔"的危害，理解生态文明、可持续发展的理念。这就是"捕鱼"所需要的素养，教育亦是如此。正如德国教育家斯普朗格所言："教育的核心是人格心灵的唤醒，教育的最终目的不是传授已有的东西，而是要把人的创造力量诱导出来，将生命感、价值感唤醒。"教育就是唤醒人的高尚人格，激发人的创造力——是为人民、社会、国家、世界和未来的贡献之力，而非破坏力、毁灭力。教育就是唤醒人的生命感、价值感，就是让每个学生活出生命的价值，追求过有意义、有价值的生活。

教育的智慧在于教师的智慧。陶行知说，"智慧是生成的，知识是学来的。"知识是可以通过灌输、记忆、模仿等学来的，而智慧必然是内生的，是自我体悟的。当然，智慧也是可以借助外力、环境激发的。教育智慧离不开课堂，离不开实践，离不开活动，离不开反思……教师的智慧不在于教师信息技术运用能力有多强，而在于能合理、合适地运用技术，在于透过显现的"数据"看见学生的内心、教育的本质。真正有智慧的老师，是让学生更有智慧的老师，是"以智启智""以慧明慧"的老师。有智慧的老师，懂得因材施教、寓教于乐；有智慧的老师，懂得循循善诱，懂得诲人不倦；有智慧的老师，懂得润物无声、春风化雨……有智慧的老师深谙教育之道、教育之本、教育之术。

的确，技术在一定程度上可以让教育更有智慧，让教学更精准，让课堂更精彩，让学习更加个性、便利和多元，但是技术只是教育的手段、辅助，它永远不可能取代教育。真正的教育智慧还是在于"人"的智慧。

35. 教师的课，本来就是"公开课"

前段时间，教育部原新闻发言人、语文出版社原社长王旭明呼吁取消公开课、示范课的言论上了热搜，引起了热议。之所以能够引发强烈的反应，可能是因为王旭明说出了很多老师，甚至是大部分老师的心声。当然，也有一部分人提出了反对意见，认为王旭明的观点过于绝对，否定了公开课、示范课对教师专业成长的作用。

其实，细细想来，教师的课，本来就是"公开课"，是每天向学生公开的课，是随时可以向同行、同事、领导、家长公开的课。如果说哪位老师认为自己的课"不宜公开"，这反倒说明这个"课"可能存在很大的问题。我想，应该呼吁取消的是那些极具表演性质的课，是被打磨得极为精致的课、不真实的"作秀课"。

课堂是教书育人的主阵地，是师生的生命场。教师在课堂上的一言一行都可能会影响学生，课堂的质量决定了学生的学习质量，决定了学生的成长方向。

我认为，教师的课，本身就是可以公开交流、研讨的。在平时学校教学活动中，公开课是校本教研的主要形式之一。一般会有一名或多名教师上公开课，由教研组、教研员等组成"听课团"进行观课、议课、评课。而这种常态化的公开课，一般不存在提前排练的情况。执教老师上课的目的就是把自己的教学设计通过课堂实践呈现出来，可能会有缺点，也可能会有优点，可能暴露不足，也可能闪现亮点。而听课老师，作为"旁观者"，往往会更为全面、清晰地看出课堂的问题所在。对这样的"公开课"进行交流、研讨，主要目的就是进一步提高教师的教学设计水平、课堂驾驭能力，以此更好地、更高质量地完成今后的学科教学工作。这对教师的专业水平提升是非常重要的，尤其是对年轻老师来说。

我认为，教师的课，因真实、灵动而美。教育的根本任务是立德树人，如果我们用虚假的课堂教育学生，又怎能立德、怎能树人？课堂不是"按部就班"的，不是"一成不变"的；课堂是有生成的，充满变数的；课堂也不可能都在"预设"中，都在按"剧本"走。正因为如此，我们的课堂才真实，才灵动。刘飞在《教育原本很自然》一书中说"任何教师不能随意对待课堂，否则即是误人子弟"。如果我们把课堂变成车间，把教学环节变成流水线，把学生变成"毫无生命"的产品，这注定是教育最大的悲哀。正如汤勇在《教育可以更美好》中说"我们的课堂流动的不应该只是冰冷的空气，传授的仅是生硬的知识，而应该让课堂师生对话，心灵互动，充满人文关怀，闪耀智慧光芒，洋溢着浓厚的生命成长气息"。

我认为，教师的课，每一堂都应该是直播课。人生就是一场直播，没有重来，没有彩排。课堂也一样，我们上的每一堂课对学生和自己来说都应该是一场直播，而不是提前"预演"、提前"编排"，更不是"回放""重映"。我也曾有多次上公开课、展示课、比赛课的经历，也曾借班试教，也曾被磨过课，但我更喜欢的是"一次性"的课。从教师专业发展角度来说，试教、磨课真的会在一定程度上提高教师的教学水平，但如果使用过度，也会消磨教师的上课激情，甚至会让教师对公开课产生恐惧。苏霍姆林斯基曾说过，"教育的技巧并不在于能预见课堂的所有细节，而在于根据当时的具体情况，巧妙地在学生不知不觉中做出相应的变动。"我想这就是"直播课"的价值和意义所在。

我认为，教师的课，是应该把学生放在课堂中央的课。当前，有很多"公开课""示范课"成了教师一个人的舞台。教师的"精彩"，盖过了学生；教师的"出彩"，遮挡了学生。《道德经》曰："天长地久。天地所以能长且久者，以其不自生，故能长生。是以圣人后其身而身先，外其身而身存。非以其无私邪？故能成其私。"课堂的中心、主角永远是学生，教师应去除"自我表演""自我展示"的私心，而应居于学生的身后，成为学生背后的指导者、引导者、助力者、解惑者。只有让学生在课堂上生长了、发光了，才是真正地把学生放在了课堂中央。一个人的精彩，不算精彩，只有学生享受课堂了，教师才能享受课堂。没有学生的"光彩"，何来教师的"夺目"？教师，只有"以其无私"，才能"成其私"。

此刻，我又想起了有一次我跟学生说要在班里上公开课时学生的回答——"老师，我知道了，我一定会好好配合的。"正因为这句话，我放弃了这次公开课。

36. 养鱼给我的教育启示

　　家里有一口鱼缸，是几年前一个朋友送的，闲置已久，从未用过。2023 年的国庆假期，闲来无事，心血来潮，忽然想养鱼了。于是，说干就干，翻出鱼缸，一顿清洗、整理和装饰；掏出手机，一波搜索、加购和付款。两天后，三十几条叫不出名字的鱼到了，我终于走上了养鱼之路。

　　先是把鱼缸灌满自来水，然后直接把鱼袋里的水和鱼一起倒入鱼缸，形色各异的鱼就这样开始了它们的新生活，自由自在地在水里游动着。原来这就是养鱼，原来养鱼这么简单。可是，真的有那么简单吗？两天后，鱼缸里陆续出现了死鱼。这是怎么回事？带着疑问，我在网络上寻找答案，探寻养鱼之道。

　　原来，新到的鱼需要"过水"；原来，养鱼之前需要"养水"；原来，养鱼还要注意控制鱼的密度；原来，养鱼还要注意保持水的温度；原来，鱼缸里原来配备的假山、假植物可能有毒，也可能会刺伤鱼；原来，养鱼还需要氧气泵、过滤器；原来，鱼缸还分为水草缸、水陆缸、溪流缸、古法缸等缸种；原来，养鱼还有好几个段位，还有好多理论知识、实践经验，还有好多我的知识盲区……原来，养鱼并不是我所认为的那样简单，也不是我所认为的那样容易。

　　由此，我想到了教育，对教育进行了一些思考。教育犹如养鱼，有其特有的规律、特有的方法，有其特有的属性。不是谁都能养鱼，不是谁都能养好鱼，当然也不是谁都能搞教育，不是谁都能把教育搞好。

　　鱼缸好比学校，只是种类不同。无论哪一类缸种，只要能把鱼养好，都是"好缸"。同样，无论哪一所学校，只要能够把学生培养好，都是好学校。有人说，"一个好校长就是一所好学校"。校长就像"养鱼人"，要有自己的办学定位、办学愿景、办学方向、办学策略，不能朝三暮四、朝秦暮楚——养着水草缸，却想着水陆缸、溪流缸、古法缸。校长办学要专一，专注于本校发展，着眼于本校实际、本校特征、本校文化、本校历史。

老师、学生也需要"过水"。什么是"过水"？据网络上的解释：过水，是新鱼来前所在的水体与将要进行饲育的水体之间的一个兑水的缓冲过程。"过水"可以说是养鱼非常关键的一步，它直接影响着养殖是否成功，据说新鱼死亡的原因半数以上都是过水工作的失误。新老师、新学生来到一所新学校，就需要一个"过水期"，让他们的身心都得到一个缓冲，才能更好地适应新环境。如果操之过急，就可能会出现不适应的症状，尤其是对于刚毕业入职的教师和新转入的学生。

办好教育的前提是"养水"。养鱼人都知道，养鱼的第一步就是养水，得先帮缸内建立硝化系统，培养硝化菌。养水又称困水、晾水、晒水，就是构建鱼生长的生态系统，如果水没有养好，鱼就很难健康成长。教育亦如此，也需要一个生态系统，而这个生态系统必然是健康的、安全的、和谐的。李政涛教授曾经说过，教育的本质一定是静默的，而不是喧嚣的，因为人的成长，是内在的成长，其过程必定是安静而朴素的，而不是招摇和华丽的。因此，教育生态这个"水"一定是"静水"，也是"净水"。

搞教育的人需要懂教育。养鱼不是说养就能养的，也不是说养好就能养好的。养鱼是有攻略的、有教程的，它是一门技术，也是一门艺术。鱼缸需要放多少水、多久换一次水，养水需要养多久，多久喂食一次、多少鱼喂多少食，什么时候产卵……对于这些问题，既需要理论的学习，又需要实践的探索。每一个从事教育工作的人，都应该且必须"持证上岗"，必须经过前期的理论学习；同时，还必须在教育教学实践中持续学习，才能让自己的"教育学"历久弥新、与时俱进。不懂教育的人搞教育，就如不懂养鱼的人去养鱼，只会折腾鱼。但学生不是鱼，也不是试验品，经不起折腾，更不应该被拿来做"试验"，不能成为不懂教育的人的"牺牲品"。

教育需要把握一些"度"。一是要控制学校的密度。多大的鱼缸养多少鱼，都是有一定要求的，不能随心所欲地扩充，它关系到氧气的供给和水质的维护。学校亦如此，不是规模越大，学生数、班级数越多越好。只有把握好学校的密度，才能为学生提供优质的办学条件，才能提高学校的办学质量。二是要给予适宜的温度。观赏鱼有很多的种类，每一种鱼的品性不同，养殖方式不同，能接受的温度也不同。要想让不同的鱼生活在一起，就需要给予它们一个能共同接受的温度——这就需要恒温棒来控制。而对教育而言，同样需要一种合适的温度，让不同的学生在一起学习、生活。而这种温度，来自学校的关怀、师生的情感、学习的收获、活动的享受、运动的快乐。正如方华在《做有温度的教育》一书中所说："只有真正把学生看成活生生的人，教育才能温暖，才会有温度，才能称为为了孩子的教育。"

如今半年过去了，鱼缸里的鱼虽然换了一些，但是它们已然适应了这种生态。我不敢说我成了养鱼达人，充其量是个新人，仅仅有点入门而已。看着鱼缸里游动的鱼群，我想起了英国学者贝奈特说的一句话——唯一真正的教育者是教育了自己的人。是的，我被养鱼的经历"教育"了，我被"鱼"教育了。

37. 一份未发言的"优秀教师代表发言稿"

每年教师节,各级政府部门、教育行政部门、学校都会举办一些教师节活动。我也曾参加过许多次不同形式的活动,有时当观众,有时上台领奖,有时作为教师代表发言。

犹然记得 2019 年的教师节,镇政府也举行了一次既简约又隆重的教师节庆祝活动。那一年,我获得了"县优秀德育工作者"的荣誉称号,接到了作为学校优秀教师代表发言的任务。本来,这应该是我第二次在镇级教师大会上发言。活动当天,幼儿园、小学优秀教师代表依次上台做了发言,我也做好了上台的准备。然而,当主持人宣读初中优秀教师代表发言人时,我才知道这个人不是我。于是,我默默地藏起了那份写了很久、思考了很久的发言稿,静静地听着同事的发言。

今天,整理电脑资料时,我发现了这份"沉寂"多年的发言稿,它依然"淡定"地躺在我的电脑硬盘里。当年都写了啥?好奇心驱使我再次打开了这份文稿。

尊敬的各位领导、各位同仁:

大家晚上好!再一次作为学校优秀教师代表发言,依然很紧张,很忐忑。2017 年 9 月,在镇庆祝教师节大会上,我曾经讲过要"以人民的名义,践行教育誓言",这句话也一直是我砥砺前行的座右铭。

优秀,是一种肯定。是对我们老师工作的肯定,是对我们老师付出的肯定。

优秀,是一种激励。是对个人职业追求的激励,是对个人教育事业的激励。

优秀，是一种鞭策。是对自身工作不足的鞭策，是对自我价值追求的鞭策。

其实，我们身边优秀的教师有很多很多，他们很平凡，在平凡的岗位上做着平常又平淡的事。他们又很伟大，在伟大的职业中做着绚丽又美好的事。

教师，不仅是一种称呼、一种职业，更是一份事业。我始终认为，只有把教师作为一种事业来做的人，才会走得更远、更高，才会更充实、更有价值，才会更幸福。

有人问我，你辛苦吗？我说不辛苦，因为我很幸福。今天站在这里，也想跟大家分享这种幸福。今年是我工作第12年，11年初三毕业班，8年班主任工作。

我的幸福来源于我的学生，一群质朴可爱、乖巧懂事的学生。是他们，让我感受到做老师的幸福，是他们让学校更有生机。

我的幸福来源于我的同事，一群爱岗敬业、乐于奉献的老师。是他们，让我看到乡村教师的坚守，乡村教师的无私，是他们让学校更温暖。

我的幸福来源于我的学校，一所朴实无华却别有韵味的乡村中学。是学校，让我感到一切都是值得的，一切都是美好的。

有人问我，你快乐吗？我说我很快乐，因为当老师后，我的身边一直都不缺良师益友。所以在此，我想跟很多人说感谢。

感谢那些引我成长的"高人"，那些领导、名师、专家，是他们让我找到了教师成长之路；

感谢那些看我成长的"老人"，那些坚守乡村的老教师，是他们让我学到了教师应有的精神；

感谢那些伴我成长的"友人"，那些奋斗的年轻教师，是他们让我看到了定塘中学发展的美好未来。

我始终认为师生之间的情感、老师与家长之间的情感应该是最纯朴、最纯洁、最纯真的。这种纯，就需要我们做一名有情怀的老师，做有温度的教育，给学生更多温暖和关怀；这种纯，就需要我们不忘教育初心，牢记育人使命。

我始终相信，乡村教育一定会绽放，一定会璀璨夺目，一定会成为那颗最亮的星，因为有你们。

最后，我想用朱永新老师在《致教师》一书中的一段话来结束我的发言。

教师，不是园丁；教师本身应该是一朵花儿；教育是师生互相作用的过程。

教师，不是蜡烛；教师不能以化为灰烬做代价，以此去照亮学生。

教师，不是春蚕；教师的固步自封才会作茧自缚，心灵的成长来自每个季节。

教师，不是人类灵魂工程师；没有谁的灵魂是机器，能用某种工艺任意修理完成。

教师就是教师，与学生是互相依赖的生命。

教师就是教师，每天都在神圣与平凡中穿行。

我是教师，伟人和罪人，都可能在我这里形成，让人如履薄冰。

我是教师，心底里喜怒哀乐翻滚，黑板上天高地远开阔，脚板下三尺讲台扎根。

我是教师，这是一份职业，更是一个志业；

我是教师，这是一份职责，更是一种使命；

我是教师，时光缓缓显形，终见此生天命；

我是教师，以现在求证未来，让生命幸福完整。

祝大家教师节快乐，身体健康，工作顺利，家庭幸福！

这份发言稿写于 2019 年 9 月 10 日，也就是教师节当天，应该说是带着对教育的思考、带着对优秀的思考、带着对成长的思考所写，但这份发言稿却一直没有"发言"。

那年那时那刻的我，或许还有一点"气愤"，或许还有一点"难过"。如今想来，早已不在意。未发言的发言稿，其实早已发言，在我的心里发言，在我的电脑上发言，在我的文字中发言……如今，它也在这里发言。

英国学者贝奈特说，唯一真正的教育者是教育了自己的人；苏霍姆林斯基说，唤起人实行自我教育的教育，乃是一种真正的教育。我想，无论是什么场合的发言，不是为了教育别人，而是为了教育自己。既然发言稿的价值已经实现，又何必在意它有没有"发言"呢？

后　记

　　2022年8月，我因工作调动，从一所乡村初中来到了另一所乡村初中，从一所拥有12个班级的学校来到了一所只有5个班级的学校。学校变小了，教学任务变轻了，也让我有了更多的时间去阅读、去思考、去记录、去实践……去做更多自己想做的事，更值得去做的事。

　　曾拜读过吴非老师的《不跪着教书》和管建刚老师的《不做教书匠》，让我深深地感觉到作为教师应当有更高的使命感、责任感和价值感。肖川在《学校，用什么来吸引学生》一书中有这样一句话——"写作的过程就是我们自我确证和不断成长的过程"；成尚荣在《名师基质》一书也提到"教师的专业写作是为了教书育人的写作，是基于教书育人的写作，是在教书育人中的写作"。

　　众所周知，教育中有很多可以研究、需要研究、值得研究、必须研究的现象和问题，带着研究的意识和写作的行动，把这些记录下来，可能就会成为最宝贵的教育资源和成长能源。

　　2022年10月27日，我写下了第一篇文章，并发布在我的个人微信公众号"乡之育"上。原本，只是想把个人的教育教学工作经历和感悟"回忆"一番，写写那些"人"、那些"事"，做个记录，表示纪念。但是，写着写着，发现自己还是有很多教育想法想表达，也算是自己把"输入"转化成文字的一种"输出"成果。

　　刚开通公众号时，我原来想取名为"乡育"，意指乡村教育的故事、乡村教师的教育故事，也有"相遇"之意，与学校相遇、与同事相遇、与学生相遇、与家长相遇，与乡村教育故事相遇，与一切有缘人、有缘事相遇。但不巧的是，这个名字已经被他人"占用"，"无奈"之下改为"乡之育"。没想到，这个名字还是受到了很多人的肯定，也有人建议我把这本书直接定名为《乡之育》。我欣然接受了他的建议。

　　写作之初，我并没有想过要出版。一来是能力不够，二来是理论不足，三来是高度、深度欠缺。但是写着写着，不知不觉就奔向了十万字。其间的很多文章也陆续发表在一些刊物上，得到了教育期刊、报纸编辑的认可。于是，"把这些文字整理成书稿，出版个人的第一本著作"的念头终于还是"敲打"了我的心。

　　这本书的写作，我只用了一年半不到的时间。期间，写写停停，想想写写。有人曾说，如果老师每天能记录500字，一年也近18万字，出版一本专著有何难。我想这未必每个人都能做到，但保持一种阅读的习惯和断断续续的写作，我还是做到了。

　　叶圣陶先生曾经说过，阅读是吸收，写作是倾吐，二者其实是相辅相成的。我想我会一直保持下去，努力吸收更多"养分"，倾吐更多"肥料"，让自己成为自己向往的老师，让自己遇见更多教育故事。

　　关于教育，我们每个人总有很多想说的话，也总有说不完的话。教育的故事，需要我们用一辈子去"书写"。

蒋健

2024 年 3 月